Thea Rytter

Deko im Scandi-Style *stricken*

Nordisch inspirierte Ideen für Frühling und Ostern

CV

INHALT

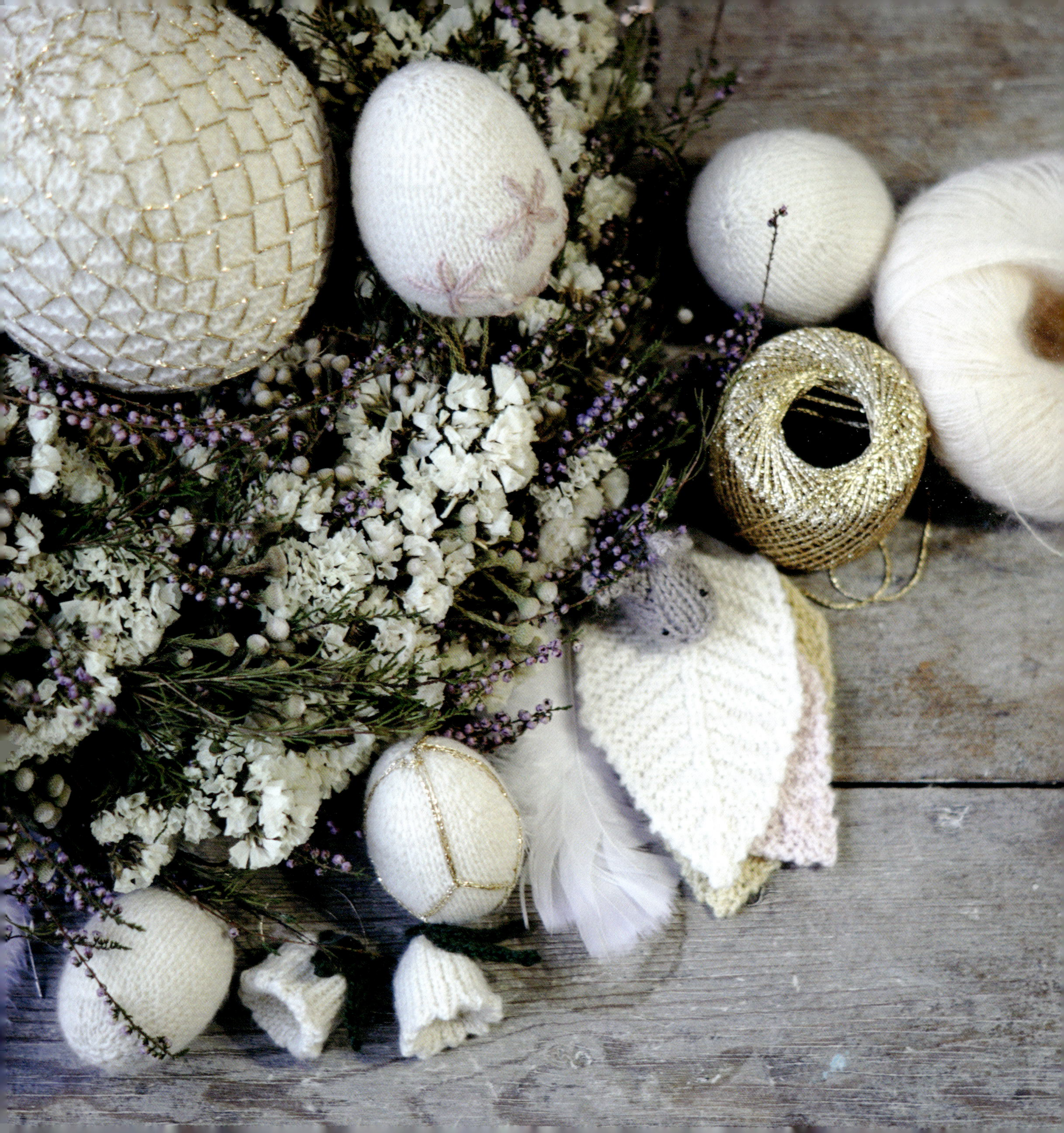

VORWORT

In unserem kleinen Land hier oben im Norden leben wir die Hälfte des Jahres ohne Blätter an den Bäumen, mit roten Nasen und der Sonne als seltenem Gast. Wir wickeln uns in Decken und verschanzen uns mit Tee, Büchern und Eintöpfen. Doch plötzlich eines Tages wird die Welt hellgrün, Schneeglöckchen schauen unter der Hecke hervor und Krokusse färben den Rasen lila. Dann wissen wir, dass es bald nach draußen, draußen, draußen geht, um die hellen Tage und dazugehörigen Nächte als Belohnung für den dunklen Winter zu genießen.

Bevor wir jedoch unsere Füße in Sandalen stecken können, warten auf uns noch ein paar Monate, in denen wir unsere Nase an der Fensterscheibe plattdrücken und es plätschern und sprießen sehen, denn die Temperaturen sind noch längst nicht mild genug, um sich stundenlang draußen aufzuhalten.
Der Weihnachtsschmuck ist schon längst fortgeräumt und die Zimmerecken und Fensterbänke stehen kahl und leer; wenn nun die ersten durchdringenden Strahlen der Frühlingssonne schmutzige Fenster und wirbelnden Winterstaub offenbaren, ist es Zeit für den Frühjahrsputz und neue Deko. Zu Ostern, ja, aber auch für den Frühling. Um der Jahreszeit zu huldigen, in der alles von Neuem beginnt.

Glauben Sie an den Osterhasen? Ich persönlich fand es immer etwas mysteriös, dass ein Nager die Eier bringen sollte, nichts desto trotz verbinden wir Hasen, Kaninchen und Eier am allermeisten mit dieser überquellenden Jahreszeit. Deshalb sind alle diese Klassiker selbstverständlich vertreten, es besteht aber auch die Möglichkeit Federn, Vögel und Blumen zu dekorieren, die man ganz hervorragend sowohl vor als auch nach Ostern aufhängen kann.

Viel Vergnügen beim Stricken

Thea

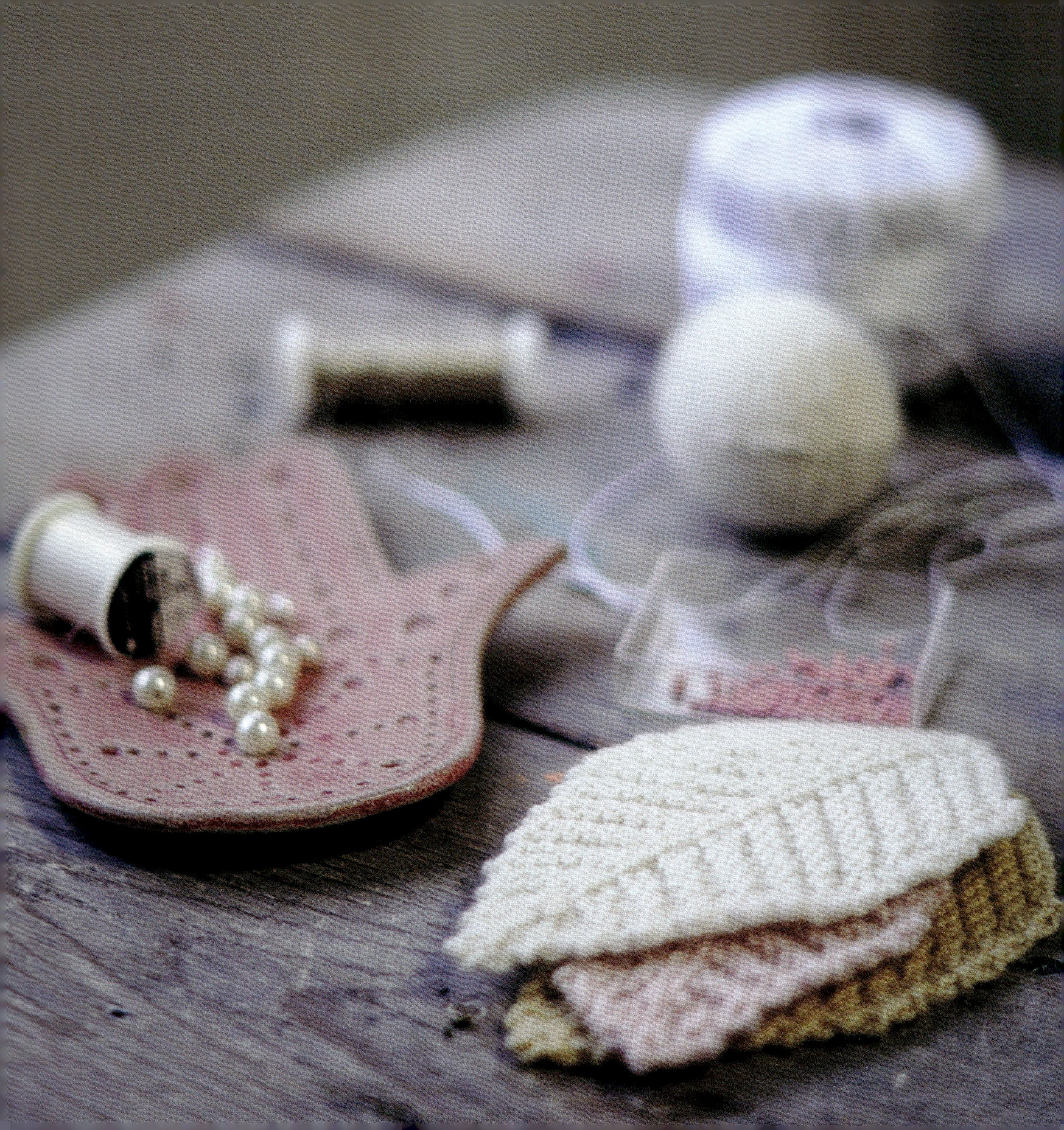

FÜR EINEN GUTEN START

Dieses Kapitel bereitet Sie darauf vor, Ihre ganz eigene Frühlingsdeko zu stricken. Hier finden Sie Tipps und Tricks, wie Sie Ihren Kreationen eine persönliche Note verleihen, damit diese Licht und Frühlingsfreude verbreiten.

NADELN

Ich stricke immer mit einer Rundstricknadel in Runden und verwende die Magic Loop Technik, ganz gleich wie klein das Projekt ist. Falls Sie mit dieser Technik nicht vertraut sind, können Sie Strumpfstricknadeln verwenden, wo Rundstricknadeln vorgeschlagen werden.

GARNWAHL UND MASCHENPROBE

Alle Modelle im Buch wurden mit Garn von Krea Deluxe gestrickt. Verwendet wurden Organic Wool 1 (100 % Bio-Wolle, Lauflänge 50 g/145 m) und Deluxe Silk Mohair (45 % Seide, 33 % Mohair, 22 % Alpaka, Lauflänge 20 g/240 m). Sie können auch Wollreste nehmen, wenn Sie möchten. Schurwolle eignet sich besonders gut für die naturgetreueren Gegenstände, da ihnen die Wolloberfläche eine Lebendigkeit und ein Farbenspiel verleiht, wie es Baumwolle zum Beispiel nicht vermag.

In den Anleitungen werden keine Farbnummern angegeben. Stöbern Sie stattdessen in Ihren Wollresten oder der breiten Farbpalette, in der es die Garne von Krea Deluxe gibt, und lassen Sie sich zu Farben inspirieren, die zu Ihnen und Ihrem Zuhause passen.

Strick ist elastisch und von seiner Struktur her nicht so fest wie zum Beispiel Gehäkeltes. Berücksichtigen Sie dies und wählen Sie dünnere Nadeln als Sie dies normalerweise zum Stricken von Bekleidung tun würden, dadurch gewährleisten Sie eine feste und dichte Oberfläche. Im Gegensatz dazu brauchen Sie nicht sonderlich auf die Strickfestigkeit zu achten, sondern nur darauf, dass das Gestrickte äußerst dicht wird, sodass keine Füllung austritt. Da keine Bekleidung gestrickt wird, macht es nicht so viel aus, wenn etwas größer oder kleiner ausfällt, als angegeben. Hier ist auch wieder das Wollgarn hilfreich, gerade weil es elastischer ist als Baumwollgarn, denn einerseits gibt es zwar mehr nach, andererseits kann es aber auch eventuelle kleine Löcher auffüllen.

Eine Maschenprobe macht eigentlich keinen Sinn, da die meisten Sachen so klein sind, dass sie selbst als Maschenprobe fungieren könnten – legen Sie einfach los anstatt auf die richtige Festigkeit abzuzielen.
So lange es dicht wird, ist es gut. Falls Sie sich trotzdem gerne nach etwas richten möchten, sind bei den Anleitungen Maschenproben angegeben, die gewährleisten, dass die Füllung nicht durchscheint.

Tritt jedoch trotzdem an irgendeiner Stelle ein Loch oder eine lockere Masche, an der die Füllung durchscheint, auf, dann scheuen Sie sich nicht, zu Nadel und Faden zu greifen und das mit einem Stich oder zweien zu überdecken.

FÜLLUNG

Beim Füllen müssen Sie ausprobieren. Sie können ganz normale Füllwatte, sogenannte Bastelwatte, verwenden, oder auch klein geschnittene Garnreste oder gezupfte Wolle.

Darüber hinaus werden bei einigen Anleitungen Styroporeier verwendet, um eine etwas festere Form zu gewährleisten.

DIE FERTIGE ARBEIT

Wenn Sie mit Stricken und Füllen fertig sind, empfehle ich die Arbeit zu dämpfen. Bei gestrickter Bekleidung spült man die Arbeit normalerweise, aber sobald Füllung enthalten ist, ist das nicht mehr sinnvoll, denn Sie riskieren sonst, dass die Füllung aufgrund der Nässe verklumpt. Setzen Sie stattdessen einen Topf kochendes Wasser auf. Legen Sie die Arbeit in ein Sieb und halten Sie es eine Minute lang in den Dampf, schütteln Sie es, um sicherzustellen, dass die Arbeit von allen Seiten in den Genuss des Dampfes kommt. Der Dampf hilft dem Garn sich auszudehnen und zu glätten, sodass Ihre Arbeit den letzten Schliff erhält. Dies können

Sie, entweder vor oder nachdem Sie Ihre Arbeit eventuell mit Stickereien oder Perlen verziert oder eine Schnur zum Aufhängen befestigt haben, machen. Falls Ihre Deko leicht zusammengedrückt in einer Schachtel gelegen hat, können Sie sie so auch auffrischen.

PERLEN UND STICKEREI

Verzieren Sie die Sachen doch mit kleinen Stickereien oder Perlen. Damit verleihen Sie ihnen eine persönliche Note und erzielen den Wow-Effekt, der einen gestrickten Gegenstand in ein Schmuckstück verwandelt.

Falls Sie zum Verzieren die ganz kleinen Glasperlen, auch Rocailles genannt, verwenden möchten, benutzen Sie eine spezielle, sehr dünne Perlennadel und einen fast unsichtbaren Perlenfaden. Diese sind in den meisten Bastelläden erhältlich.

Für die dekorativen Stickereien empfehle ich ein Glitzergarn, damit sie in den Strahlen der Frühlingssonne richtig funkeln. Hier wurde Shiny von Krea Deluxe (80 % Viskose, 20 % Polyester, Lauflänge 95 m/25 g) verwendet.
Für die Verzierungen wurde eine Mischung aus Plattstich, französischem Knötchenstich und Kettenstich verwendet. Bei manchen Projekten werden die Stiche gezeigt, probieren Sie ansonsten verschiedene Techniken aus – vielleicht fällt Ihnen plötzlich etwas Geniales ein.

Für die aufgestickten Schnauzen, Augen und Schwänzchen der gestrickten Tiere wird das Garn verwendet, aus dem sie gestrickt sind.

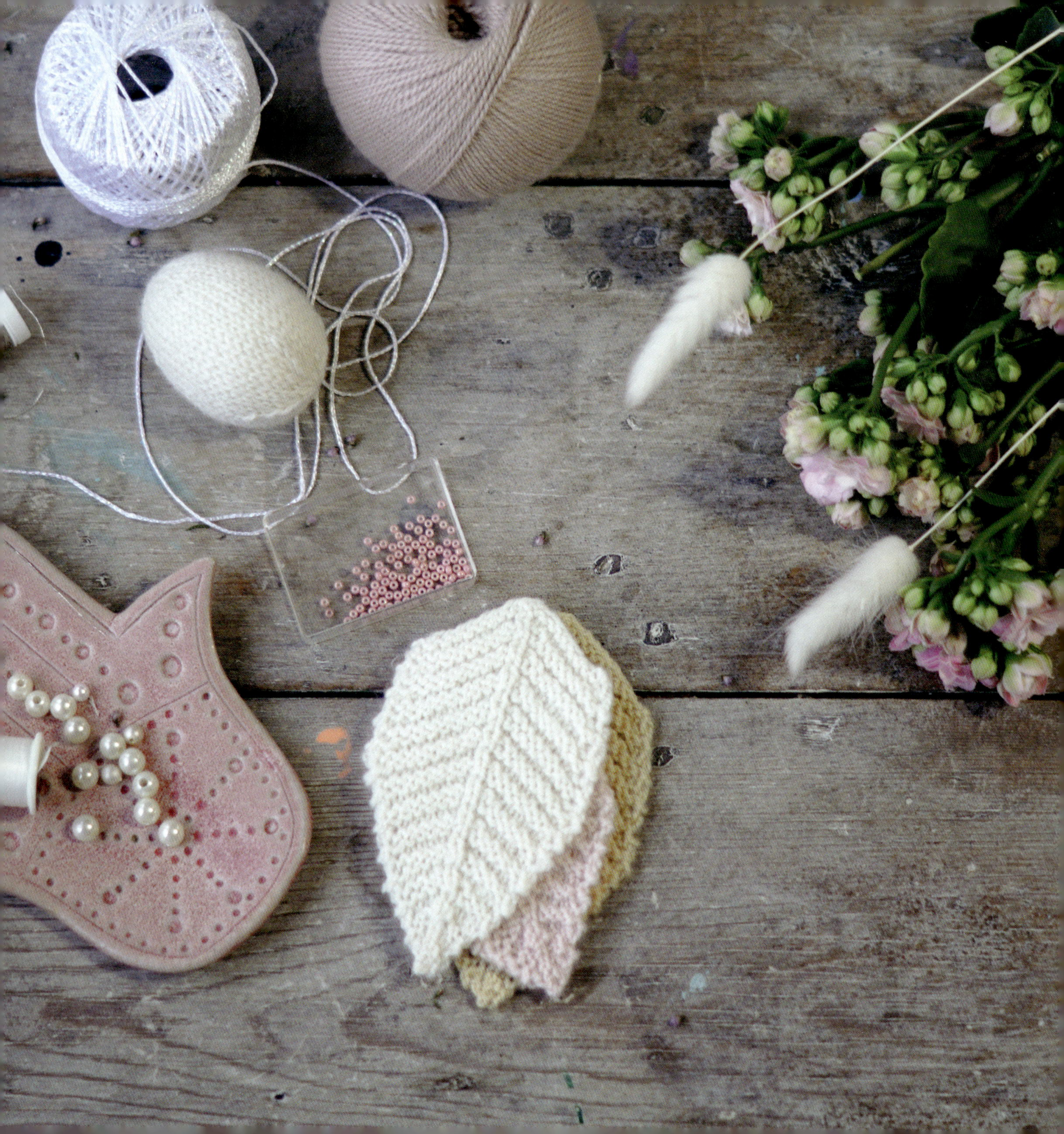

ABKÜRZUNGEN UND TECHNIKEN

ABKÜRZUNGEN

Auf Abkürzungen wurde fast gänzlich verzichtet, um die Anleitungen so verständlich wie möglich zu gestalten. Nur bei den Zu- und Abnahmen werden Abkürzungen verwendet.

Zunahmen

2in1: 1 Masche rechts, 1 Masche rechts verschränkt in dieselbe Masche = 1 Masche zugenommen.
Zun r: Zunahme nach rechts geneigt: Heben Sie den Querfaden zwischen den Maschen von hinten auf die linke Nadel und stricken Sie die neue Masche rechts ab = 1 Masche zugenommen.
Zun l: Zunahme nach links geneigt: Heben Sie den Querfaden zwischen den Maschen von vorne auf die linke Nadel und stricken Sie die neue Masche rechts verschränkt ab = 1 Masche zugenommen.

Abnahmen

ZDA: Zentrierte doppelte Abnahme: Heben Sie 2 Maschen ab, als wollten Sie sie rechts zusammenstricken, stricken Sie 1 Masche rechts und ziehen Sie die beiden abgehobenen Maschen zusammen darüber = 2 Maschen abgenommen.
2 r zus: Stricken Sie 2 Maschen rechts zusammen.
2 r verschr zus: Stricken Sie 2 Maschen rechts verschränkt zusammen.
3 r zus: Stricken Sie 3 Maschen rechts zusammen.
3 l zus: Stricken Sie 3 Maschen links zusammen.

TECHNIKEN

Wendereihen

Um Bauch und Hinterteil des Kuscheltieres (ab Seite 23) zu formen, werden Wendereihen verwendet.
Hier im Buch wird die German Short Rows Technik angewandt.
Falls Sie eine andere Wendetechnik bevorzugen, ist diese sicherlich genauso geeignet.

German Short Rows werden folgendermaßen gestrickt:
Stricken Sie bis zu dem angegebenen Punkt, an dem gewendet werden soll. Wenden Sie die Arbeit und heben Sie die erste Masche mit dem Faden vor der Arbeit ab. Führen Sie den Faden hinter die Arbeit und ziehen Sie etwas an dem Faden, damit eine Doppelmasche entsteht. Stricken Sie wie angegeben weiter. Wenn Sie diese Doppelmasche wieder erreichen, werden die beiden Schenkel zusammen als eine Masche gestrickt.

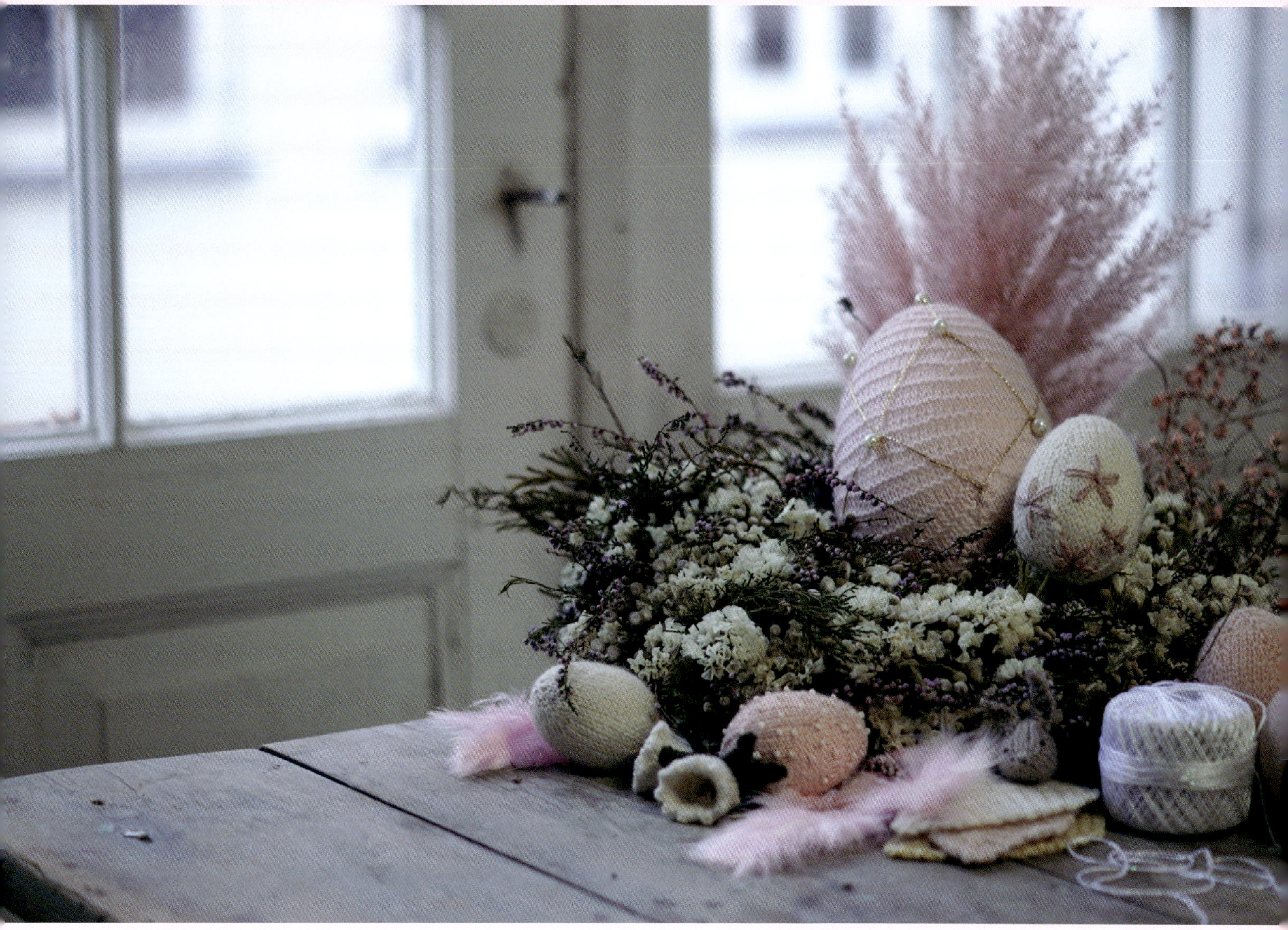

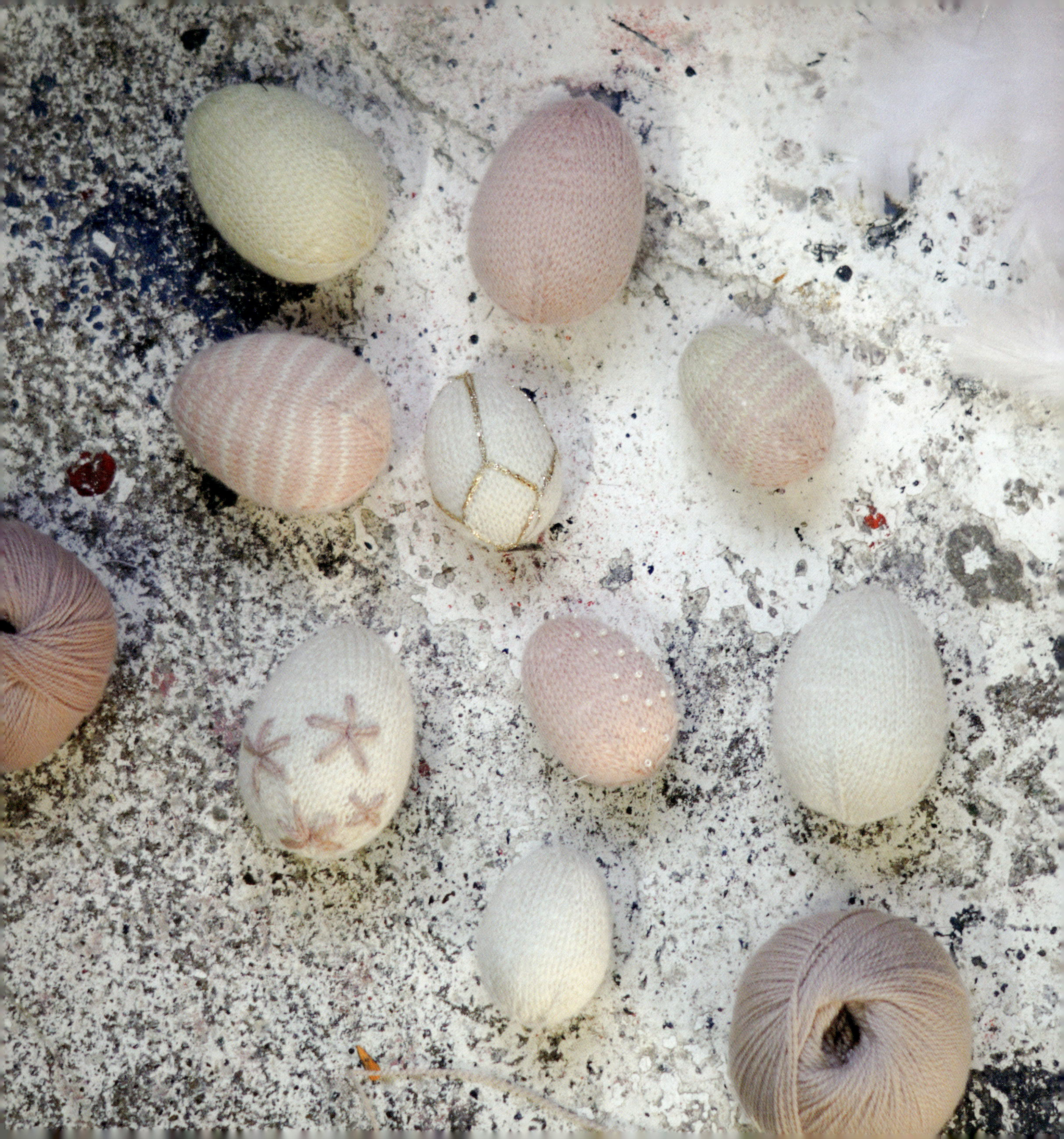

OSTEREIER

Um das Ei kommen wir nicht herum. Wir hängen es auf, pusten es aus, lassen es kullern, essen es auf – sobald Frühling ist, ist das Ei überall.

Maße
Kleines Osterei: Das Ei passt zu einem Styroporei von 6 cm Länge.
Großes Osterei: Das Ei passt zu einem Styroporei von 8 cm Länge.

Empfohlene Nadel: Rundstricknadel Nr. 2,5

Maschenprobe: Ca. 28 Maschen und 40 Runden = 10 x 10 cm

Material
Garn: Bio-Wolle (100 % Schurwolle, Lauflänge 50 g/145 m)
Styroporei mit einer Länge von 6 oder 8 cm
Eventuell Perlen oder Glitzergarn zum Verzieren
Eventuell Schnur für Aufhänger, aber auch liegende Eier sind eine sehr schöne Deko.

KLEINES OSTEREI

Anleitung
Für das Anfertigen dieser Eier sollten Sie Styroporeier zur Hand haben, da diese im Laufe der Arbeit eingefügt werden. Es wird von der Spitze des Eis herab gestrickt.

6 Maschen mit Rundstricknadel Nr. 2,5 und mit Bio-Wolle anschlagen, einen Maschenmarkierer an den Anfang der Runde setzen und zur Runde schließen.

1. Runde: 2in1 in alle Maschen dieser Runde stricken = 12 Maschen.
2. Runde: Alle Maschen rechts stricken.
3. Runde: *1 Masche rechts, Zun r, 1 Masche rechts, Zun l, 1 Masche rechts*, *–* bis zum Ende der Runde = 20 Maschen.
4.–5. Runde: Alle Maschen rechts stricken.
6. Runde: *2 Maschen rechts, Zun r, 1 Masche rechts, Zun l, 2 Maschen rechts*, *–* bis zum Ende der Runde = 28 Maschen.
7.–8. Runde: Alle Maschen rechts stricken.
9. Runde: *3 Maschen rechts, Zun r, 1 Masche rechts, Zun l, 3 Maschen rechts*, *–* bis zum Ende der Runde = 36 Maschen.

12 Runden rechte Maschen stricken. Danach beginnen die Abnahmen. Fügen Sie zwischendurch probehalber das Ei ein, um sicherzustellen, dass es hineinpasst.

22. Runde: 3 Maschen rechts, ZDA, *6 Maschen rechts, ZDA*, 3 mal *–*, 3 Maschen rechts = 28 Maschen.
23. Runde: Alle Maschen rechts stricken.
24. Runde: 2 Maschen rechts, ZDA, *4 Maschen rechts, ZDA*, 3 mal *–*, 2 Maschen rechts = 20 Maschen.
25. Runde: *2 r zus*, *–* bis zum Ende der Runde = 10 Maschen.
Faden durchschneiden und das Fadenende durch die verbliebenen Maschen führen. Fest anziehen und das Fadenende vernähen.

GROSSES OSTEREI

Anleitung

Für das Anfertigen dieser Eier sollten Sie Styroporeier zur Hand haben, da diese im Laufe der Arbeit eingefügt werden. Es wird von der Spitze des Eis herab gestrickt.

6 Maschen mit Rundstricknadel Nr. 2,5 und mit Bio-Wolle anschlagen, einen Maschenmarkierer an den Anfang der Runde setzen und zur Runde schließen.

1. Runde: 2in1 in alle Maschen dieser Runde stricken = 12 Maschen.
2. Runde: Alle Maschen rechts stricken.
3. Runde: *1 Masche rechts, Zun r, 1 Masche rechts, Zun l, 1 Masche rechts*, *–* bis zum Ende der Runde = 20 Maschen.
4.–5. Runde: Alle Maschen rechts stricken.
6. Runde: *2 Maschen rechts, Zun r, 1 Masche rechts, Zun l, 2 Maschen rechts*, *–* bis zum Ende der Runde = 28 Maschen.
7.–8. Reihe: Alle Maschen rechts stricken.
9. Runde: *3 Maschen rechts, Zun r, 1 Masche rechts, Zun l, 3 Maschen rechts*, *–* bis zum Ende der Runde = 36 Maschen.
10.–11. Runde: Alle Maschen rechts stricken.
12. Runde: *4 Maschen rechts, Zun r, 1 Masche rechts, Zun l, 4 Maschen rechts*, *–* bis zum Ende der Runde = 44 Maschen.
13.–14. Runde: Alle Maschen rechts stricken.
15. Runde: *5 Maschen rechts, Zun r, 1 Masche rechts, Zun l, 5 Maschen rechts*, *–* bis zum Ende der Runde = 52 Maschen.

11 Runden rechts stricken. Danach beginnen die Abnahmen. Fügen Sie zwischendurch probehalber das Ei ein, um sicherzustellen, dass es hineinpasst.

27. Runde: 5 Maschen rechts, ZDA, *10 Maschen rechts, ZDA*, 3 mal *–*, 5 Maschen rechts = 44 Maschen.
28. Runde: Alle Maschen rechts stricken.
29. Runde: 4 Maschen rechts, ZDA, *8 Maschen rechts, ZDA*, 3 mal *–*, 4 Maschen rechts = 36 Maschen.
30. Runde: Alle Maschen rechts stricken.
31. Runde: 3 Maschen rechts, ZDA, *6 Maschen rechts, ZDA*, 3 mal *–*, 3 Maschen rechts = 28 Maschen.
32. Runde: Alle Maschen rechts stricken.
33. Runde: 2 Maschen rechts, ZDA, *4 Maschen rechts, ZDA*, 3 mal *–*, 2 Maschen rechts = 20 Maschen.
34. Runde: *2 r zus*, *–* bis zum Ende der Runde = 10 Maschen.

Den Faden durchschneiden und das Fadenende durch die verbliebenen Maschen führen. Fest anziehen und das Fadenende vernähen.

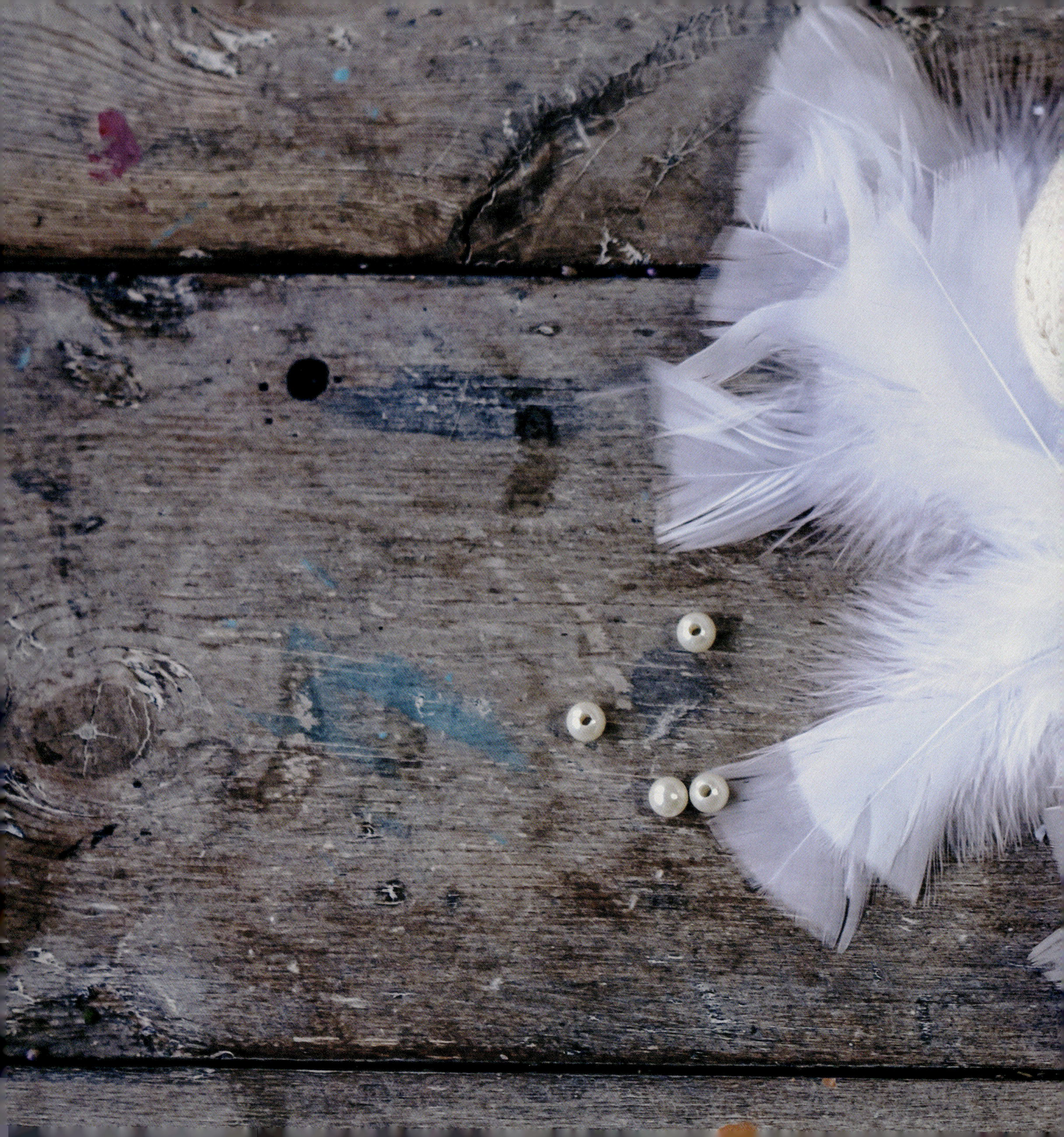

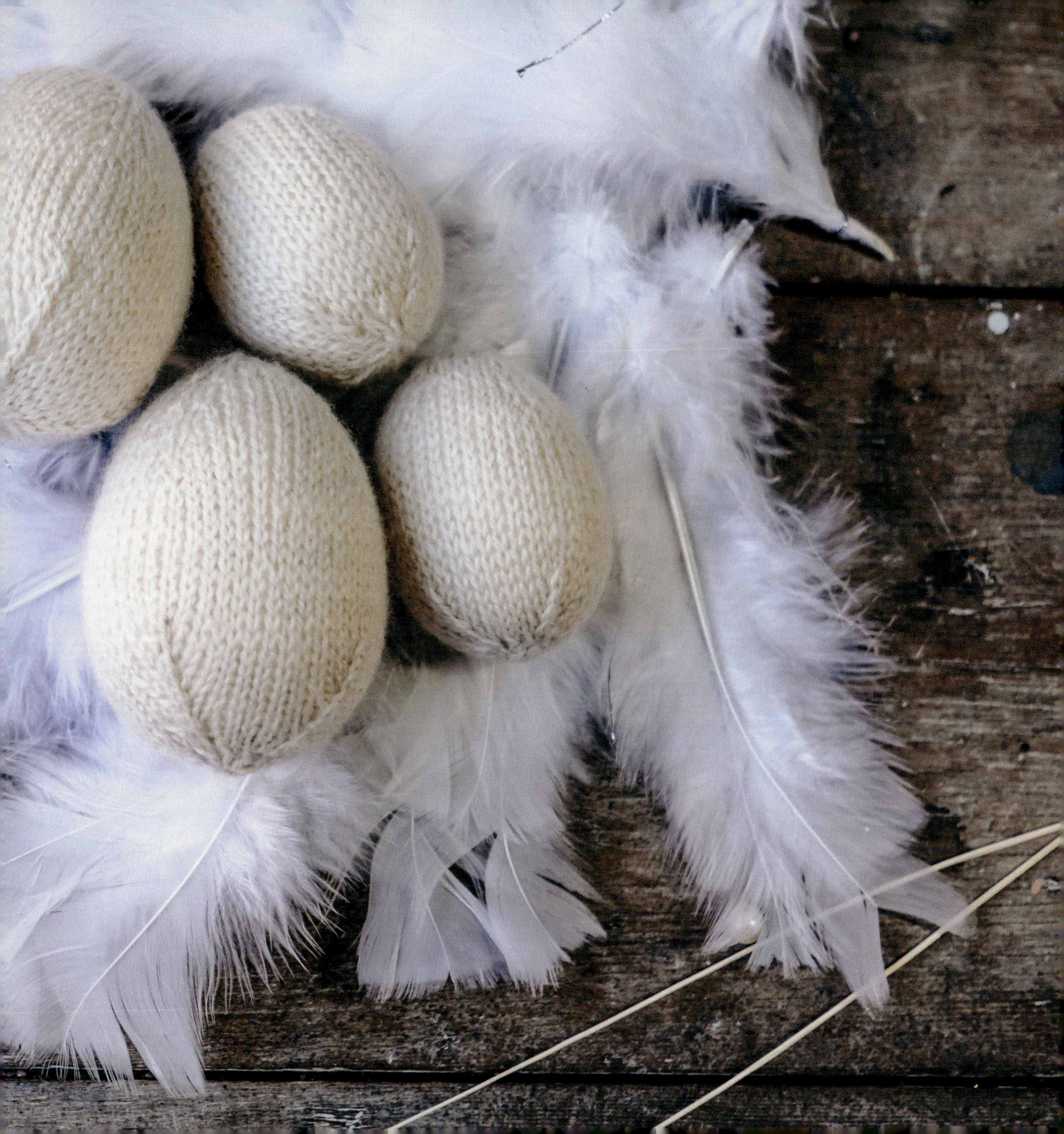

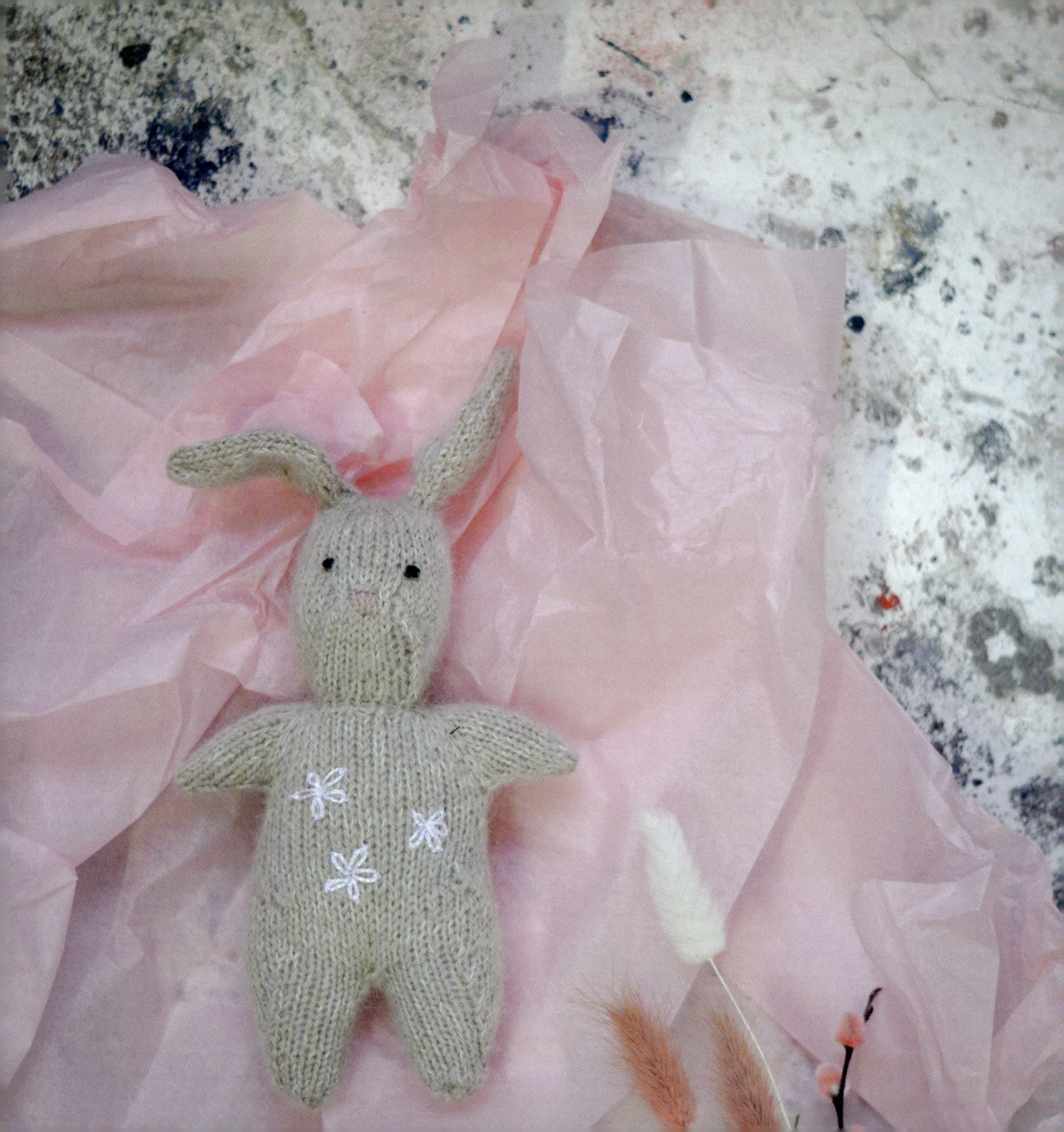

KUSCHELTIER

Vielleicht ist das ein Kaninchen, vielleicht auch ein Hase ... Überlassen Sie die Entscheidung der Farbe dem/der glücklichen Empfänger/in. Ganz gleich, was es auch ist, es wird sicherlich gerne Teil eines Ostereis für einen kleinen Osterbriefschreiber ...

Maße: Das fertig gestrickte Kuscheltier misst ca. 15 cm.

Maschenprobe: Ca. 26 Maschen und 34 Runden = 10 x 10 cm

Material

Garn: 1 Faden Bio-Wolle (100 % Schurwolle, Lauflänge 50 g/145 m) und 1 Faden Mohair-Garn (45 % Seide, 33 % Mohair, 22 % Babyalpaka, Lauflänge 20 g/240 m)

Füllwatte
Hinweis: Augen und Nase werden mit Bio-Wolle aufgestickt.

Anleitung

Das Kuscheltier wird in einem Stück gestrickt, mit dem Kopf beginnend. Die Runde startet auf der Rückseite. Am Unterkörper wird mit German Short Rows (Siehe Wendereihen auf Seite 14) gewendet.

6 Maschen mit 1 Faden Bio-Wolle und 1 Faden Mohair-Garn anschlagen und zur Runde schließen.

Kopf

1. Runde: *2in1*, *-* bis zum Ende der Runde = 12 Maschen.
2. Runde: *2in1*, *-* bis zum Ende der Runde = 24 Maschen.
3. Runde: *2 Maschen rechts, Zun l*, *-* bis zum Ende der Runde = 36 Maschen.
4. Runde: 7 Maschen rechts, 4 Maschen auf einer Schnur stilllegen und 4 neue Maschen anschlagen, 14 Maschen rechts, 4 Maschen auf einer Schnur stilllegen, und 4 neue Maschen anschlagen, 7 Maschen rechts.

5.–11. Runde: Alle Maschen rechts stricken.
12. Runde: 15 Maschen rechts, Zun r, 6 Maschen rechts, Zun l, 15 Maschen rechts = 38 Maschen.
13. Runde: 16 Maschen rechts, Zun r, 6 Maschen rechts, Zun l, 16 Maschen rechts = 40 Maschen.
14. Runde: 17 Maschen rechts, Zun r, 6 Maschen rechts, Zun l, 17 Maschen rechts = 42 Maschen.
15. Runde: 18 Maschen rechts, Zun r, 6 Maschen rechts, Zun l, 18 Maschen rechts = 44 Maschen.
16. Runde: Alle Maschen rechts stricken.
17. Runde: 17 Maschen rechts, 2 r zus, 6 Maschen rechts, 2 r verschr zus, 17 Maschen rechts = 42 Maschen.
18. Runde: 16 Maschen rechts, 2 r zus, 6 Maschen rechts, 2 r verschr zus, 16 Maschen rechts = 40 Maschen.
19. Runde: 15 Maschen rechts, 2 r zus, 6 Maschen rechts, 2 r verschr zus, 15 Maschen rechts = 38 Maschen.
20. Runde: 14 Maschen rechts, 2 r zus, 6 Maschen rechts, 2 verschr zus, 14 Maschen rechts = 36 Maschen.
21. Runde: 13 Maschen rechts, 2 r zus, 6 Maschen rechts, 2 verschr zus, 13 Maschen rechts = 34 Maschen.
22. Runde: 12 Maschen rechts, 2 r zus, 6 Maschen rechts, 2 verschr zus, 12 Maschen rechts = 32 Maschen.
23. Runde: 11 Maschen rechts, 2 r zus, 6 Maschen rechts, 2 verschr zus, 11 Maschen rechts = 30 Maschen.
24. Runde: 10 Maschen rechts, 2 r zus, 6 Maschen rechts, 2 r verschr zus, 10 Maschen rechts = 28 Maschen.
25. Runde: 9 Maschen rechts, 2 r zus, 6 Maschen rechts, 2 r verschr zus, 9 Maschen rechts = 26 Maschen.
26. Runde: 8 Maschen rechts, 2 r zus, 6 Maschen rechts, 2 r verschr zus, 8 Maschen rechts = 24 Maschen.
27. Runde: *2 r zus*, *–* bis zum Ende der Runde = 12 Maschen.
28. Runde: Alle Maschen rechts stricken.
Denken Sie daran den Kopf mit Watte zu füllen.
Ab hier wird mit dem Oberkörper fortgefahren ohne dass der Faden durchtrennt wird.

Oberkörper

1. Runde: *2in1*, *–* bis zum Ende der Runde = 24 Maschen.
2. Runde: 4 Maschen rechts, Zun r, 1 Masche rechts, Zun l, 2 Maschen rechts, Zun r, 1 Masche rechts, Zun l, 8 Maschen rechts, Zun r, 1 Masche rechts, Zun l, 2 Maschen rechts, Zun r, 1 Masche rechts, Zun l, 4 Maschen rechts = 32 Maschen.
3. Runde: 5 Maschen rechts, Zun r, 1 Masche rechts, Zun l, 4 Maschen rechts, Zun r, 1 Masche rechts, Zun l, 10 Maschen rechts, Zun r, 1 Masche rechts, Zun l, 4 Maschen rechts, Zun r, 1 Masche rechts, Zun l, 5 Maschen rechts = 40 Maschen.
4. Runde: Alle Maschen rechts stricken.

5. Runde: 6 Maschen rechts, Zun r, 1 Masche rechts, Zun l, 6 Maschen rechts, Zun r, 1 Masche rechts, Zun l, 12 Maschen rechts, Zun r, 1 Masche rechts, Zun l, 6 Maschen rechts, Zun r, 1 Masche rechts, Zun l, 6 Maschen rechts = 48 Maschen.
6. Runde: Alle Maschen rechts stricken.
7. Runde: 7 Maschen rechts, Zun r, 1 Masche rechts, Zun l, 8 Maschen rechts, Zun r, 1 Masche rechts, Zun l, 14 Maschen rechts, Zun r, 1 Masche rechts, Zun l, 8 Maschen rechts, Zun r, 1 Masche rechts, Zun l, 7 Maschen rechts = 56 Maschen.
8. Runde: Alle Maschen rechts stricken.
9. Runde: 8 Maschen rechts, Zun r, 1 Masche rechts, Zun l, 10 Maschen rechts, Zun r, 1 Masche rechts, Zun l, 16 Maschen rechts, Zun r, 1 Masche rechts, Zun l, 10 Maschen rechts, Zun r, 1 Masche rechts, Zun l, 8 Maschen rechts = 64 Maschen.
10. Runde: 9 Maschen rechts, die nächsten 14 Maschen auf einer Schnur stilllegen, 18 Maschen rechts, die nächsten 14 Maschen auf einer Schnur stilllegen, 9 Maschen rechts = 36 Maschen bleiben in der Runde übrig.

Jetzt haben Sie den Oberköper des Kuscheltiers gestrickt. Ohne den Faden zu durchtrennen wird mit dem Unterkörper fortgefahren.

Unterkörper

1.–4. Runde: Alle Maschen rechts stricken.
5. Runde: 8 Maschen rechts, Zun r, 2 Maschen rechts, Zun l, 16 Maschen rechts, Zun r, 2 Maschen rechts, Zun l, 8 Maschen rechts = 40 Maschen.
6. Runde: Alle Maschen rechts stricken.
7. Runde: 8 Maschen rechts, Zun r, 4 Maschen rechts, Zun l, 16 Maschen rechts, Zun r, 4 Maschen rechts, Zun l, 8 Maschen rechts = 44 Maschen.
8. Runde: Um den Bauch zu formen, werden hier Wendereihen mit German Short Rows gestrickt. Stricken Sie folgendermaßen: 33 Maschen rechts, die Arbeit wenden, 21 Maschen links, die Arbeit wenden, 19 Maschen rechts, die Arbeit wenden, 17 Maschen links, die Arbeit wenden, 15 Maschen rechts, die Arbeit wenden, 13 Maschen links, die Arbeit wenden, alle Maschen bis zum Ende der Runde rechts stricken.
9. Runde: Alle Maschen rechts stricken.
10. Runde: Um den Po des kleinen Kuscheltieres zu formen, werden hier Wendereihen mit German Short Rows gestrickt. Stricken Sie folgendermaßen: 7 Maschen rechts, die Arbeit wenden, 13 Maschen links, die Arbeit wenden, 14 Maschen rechts, die Arbeit wenden, 15 Maschen links, die Arbeit wenden,

16 Maschen rechts, die Arbeit wenden, 17 Maschen links, die Arbeit wenden, 18 Maschen rechts, die Arbeit wenden, 19 Maschen links, die Arbeit wenden, alle Maschen bis zum Ende der Runde rechts stricken.
11. Runde: 8 Maschen rechts, Zun r, 6 Maschen rechts, Zun l, 16 Maschen rechts, Zun r, 6 Maschen rechts, Zun l, 8 Maschen rechts = 48 Maschen.
12.–15. Runde: Alle Maschen rechts stricken.
Die ersten 24 Maschen auf einer Schnur stilllegen. Jetzt haben Sie die Beine voneinander getrennt. Fahren Sie in Runden mit den 24 Maschen fort, die das linke Bein ergeben. Setzen Sie einen Maschenmarkierer an den Anfang der Runde (Innenschenkel). Füllen Sie eventuell einen Teil des Oberkörpers mit Watte.

Beine

1. Runde: Alle Maschen rechts stricken.
2. Runde: 6 Maschen rechts, 2 r zus, 8 Maschen rechts, 2 r zus, 6 Maschen rechts = 22 Maschen.
3.–4. Runde: Alle Maschen rechts stricken.
5. Runde: 6 Maschen rechts, 2 r zus, 6 Maschen rechts, 2 r zus, 6 Maschen rechts = 20 Maschen.
6.–7. Runde: Alle Maschen rechts stricken.
8. Runde: 6 Maschen rechts, 2 r zus, 4 Maschen rechts, 2 r zus, 6 Maschen rechts = 18 Maschen.
9.–10. Runde: Alle Maschen rechts stricken.
11. Runde: 6 Maschen rechts, 2 r zus, 2 Maschen rechts, 2 r zus, 6 Maschen rechts = 16 Maschen.
12.–13. Runde: Alle Maschen rechts stricken.
14. Runde: 6 Maschen rechts, 2 r zus, 2 r zus, 6 Maschen rechts = 14 Maschen.
15.–16. Runde: Alle Maschen rechts stricken.
17. Runde: 6 Maschen rechts, 2 r zus, 6 Maschen rechts = 13 Maschen.
18.–19. Runde: Alle Maschen rechts stricken.
Faden durchschneiden und das Fadenende durch die verbliebenen Maschen führen. Das Bein mit Watte füllen, Faden fest anziehen und das Ende vernähen. Bei dem anderen Bein wiederholen.

Arme

Schieben Sie die 14 Maschen von der Schnur zurück auf die Nadel. Zur Runde schließen.
1. Runde: 1 Masche unter der Achsel aufnehmen, 14 Maschen rechts stricken, 1 Masche unter der Achsel aufnehmen. Maschenmarkierer setzen – hier beginnt die Runde = 16 Maschen.
2. Runde: 2 r zus, 12 Maschen rechts, 2 r zus = 14 Maschen.

3. Runde: Alle Maschen rechts stricken.
4. Runde: 2 r zus, 10 Maschen rechts, 2 r zus = 12 Maschen.
5.–6. Runde: Alle Maschen rechts stricken.
7. Runde: 2 r zus, 8 Maschen rechts, 2 r zus = 10 Maschen.
8.–11. Runde: Alle Maschen rechts stricken.
Faden durchschneiden und das Fadenende durch die verbliebenen Maschen führen. Den Arm mit Watte füllen, Faden fest anziehen und das Ende vernähen. Bei dem anderen Arm wiederholen.

Ohren

Platzieren Sie einen Maschenmarkierer am Anfang ihrer Rundstricknadel – hier beginnt die Runde. Schieben Sie die 4 Maschen von der Schnur zurück auf die Nadel, und nehmen Sie dabei 4 Maschen zwischen den bereits angeschlagenen Maschen auf = 8 Maschen in der Runde. Zur Runde schließen.
1.–2. Runde: Alle Maschen rechts stricken.
3. Runde: 1 Masche rechts, Zun l, 2 Maschen rechts, Zun r, 2 Maschen rechts, Zun l, 2 Maschen rechts, Zun r, 1 Masche rechts = 12 Maschen.
4. Runde: Alle Maschen rechts stricken.
5. Runde: 1 Masche rechts, Zun l, 4 Maschen rechts, Zun r, 2 Maschen rechts, Zun l, 4 Maschen rechts, Zun r, 1 Masche rechts = 16 Maschen.
6. Runde: Alle Maschen rechts stricken.
7. Runde: 1 Masche rechts, Zun l, 6 Maschen rechts, Zun r, 2 Maschen rechts, Zun l, 6 Maschen rechts, Zun r, 1 Masche rechts = 20 Maschen.
8. Runde: Alle Maschen rechts stricken.
9. Runde: 1 Masche rechts, Zun l, 8 Maschen rechts, Zun r, 2 Maschen rechts, Zun l, 8 Maschen rechts, Zun r, 1 Masche rechts = 24 Maschen.
10.–16. Runde: Alle Maschen rechts stricken.
17. Runde: 1 Masche rechts, 2 r verschr zus, 6 Maschen rechts, 2 r zus, 2 Maschen rechts, 2 r verschr zus, 6 Maschen rechts, 2 r zus, 1 Masche rechts = 20 Maschen.
18.–19. Runde: Alle Maschen rechts stricken.
20. Runde: 1 Masche rechts, 2 r verschr zus, 4 Maschen rechts, 2 r zus, 2 Maschen rechts, 2 r verschr zus, 4 Maschen rechts, 2 r zus, 1 Masche rechts = 16 Maschen.
21.–22. Runde: Alle Maschen rechts stricken.

23. Runde: 1 Masche rechts, 2 r verschr zus, 2 Maschen rechts, 2 r zus, 2 Maschen rechts, 2 r verschr zus, 2 Maschen rechts, 2 r zus, 1 Masche rechts = 12 Maschen.
24.–25. Runde: Alle Maschen rechts stricken.
26. Runde: 1 Masche rechts, 2 r verschr zus, 2 r zus, 2 Maschen rechts, 2 r verschr zus, 2 r zus, 1 Masche rechts = 8 Maschen.
Faden durchschneiden und das Fadenende durch die verbliebenen Maschen führen. Fest anziehen und das Fadenende vernähen.

Fertigstellung

6 Maschen mit Nadel Nr. 3,5, mit Bio-Wolle und einem Faden Mohair-Garn anschlagen und zur Runde schließen.

Schal

6 Maschen mit Nadel Nr. 2,5 und mit Bio-Wolle anschlagen und kraus rechts hin und zurück stricken bis die Arbeit ca. 20 cm misst. Rechte Maschen mit rechten Maschen abketten und mit einer Häkelnadel Fransen hindurchziehen.

Mütze

6 Maschen mit Nadel Nr. 3,5, mit Bio-Wolle und einem Faden Mohair-Garn anschlagen und zur Runde schließen.

1. Runde: *2in1*, *-* bis zum Ende der Runde = 12 Maschen.
2. Runde: *2in1*, *-* bis zum Ende der Runde = 24 Maschen.
3. Runde: *1 Masche rechts, 2in1*, *-* bis zum Ende der Runde = 36 Maschen.
4. Runde: Die ganze Runde im Rippenmuster stricken (1 Masche rechts, 1 Masche links).
5. Runde: 7 Maschen im Rippenmuster stricken, 4 Maschen abketten, 14 Maschen im Rippenmuster stricken, 4 Maschen abketten, 7 Maschen im Rippenmuster stricken = 28 Maschen.
6. Runde: 7 Maschen im Rippenmuster stricken, 4 Maschen anschlagen, 14 Maschen im Rippenmuster stricken, 4 Maschen anschlagen, 7 Maschen im Rippenmuster stricken = 36 Maschen.

14 weitere Runden im Rippenmuster stricken. Rechte Maschen mit rechten Maschen und linke Maschen mit linken Maschen abketten. Setzen Sie dem Kuscheltier die Mütze auf und ziehen Sie die Ohren durch die Löcher in der Mütze.

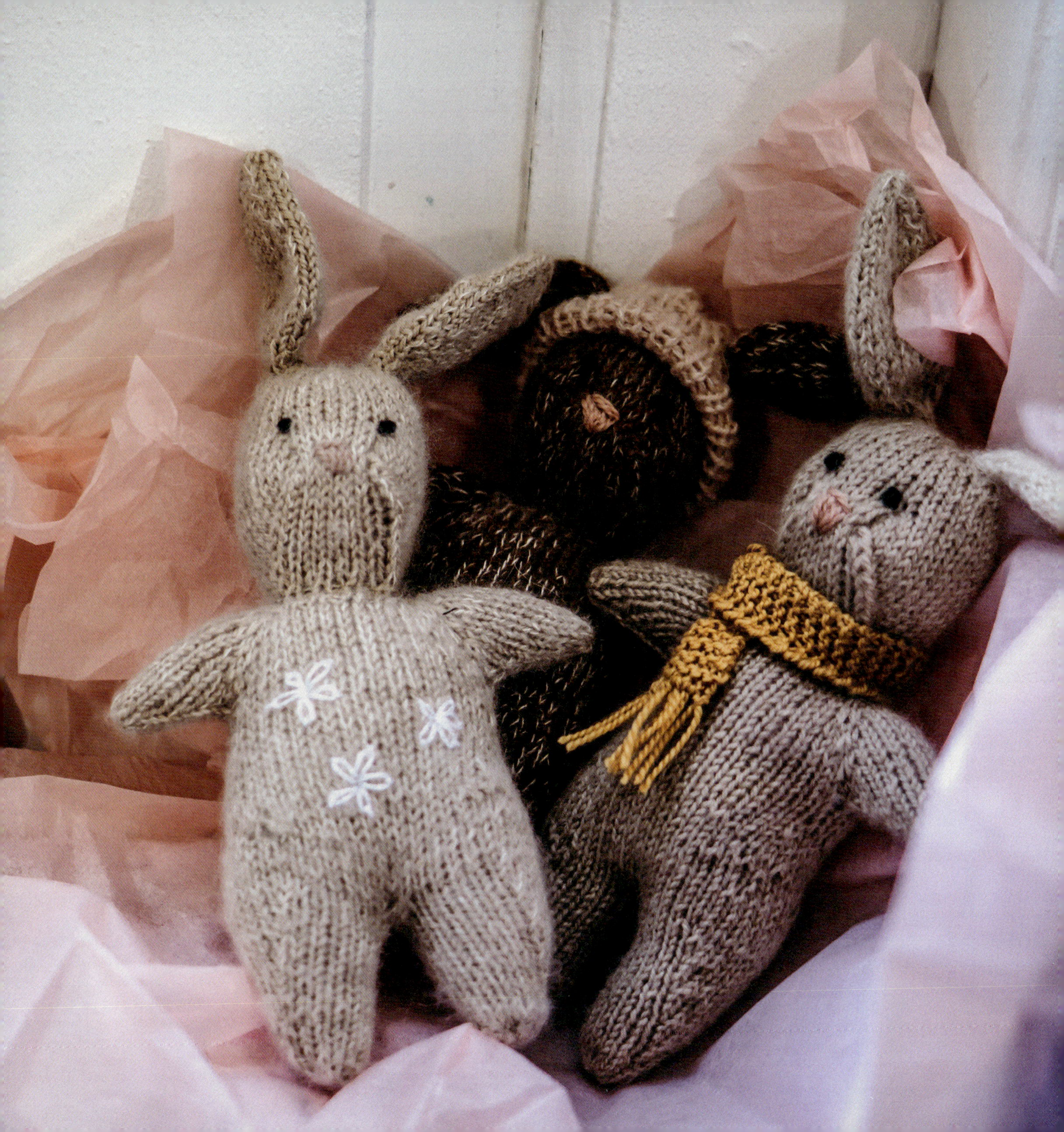

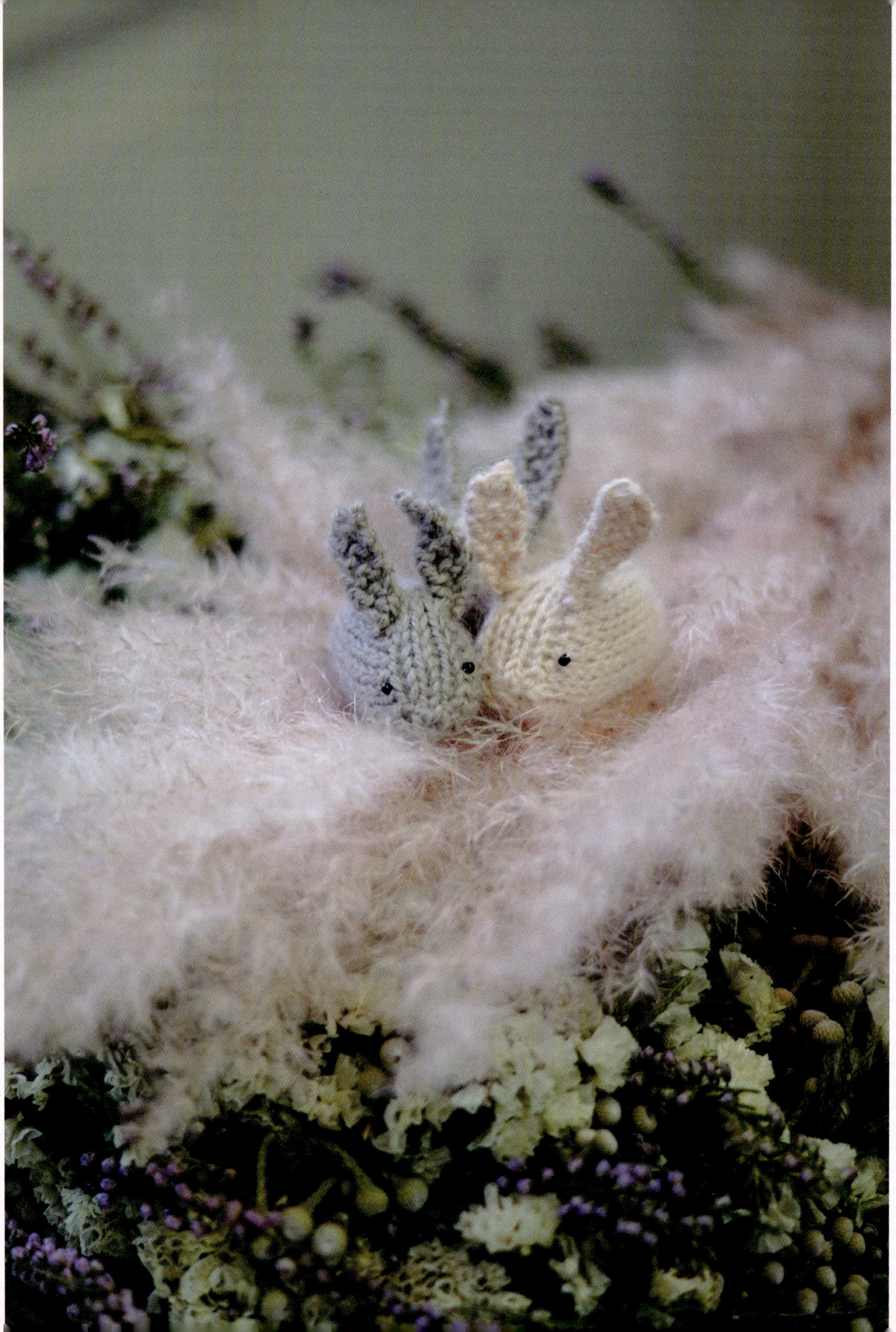

KLEINE KANINCHEN

Eine Hand voller flauschiger, kleiner Kaninchen – oder Häschen? Das wird Glücksgefühle bei jedem kleinen Menschen hervorrufen, der ein Osterei gespickt mit Tierkindern (und etwas Schokolade) öffnet. Oder Sie lassen sie auf einer Fensterbank Freude verbreiten.

Maße: Das fertig gestrickte Kaninchen misst ca. 4 cm.

Empfohlene Nadel: Rundstricknadel Nr. 3

Maschenprobe: Ca. 26 Maschen und 34 Runden = 10 x 10 cm

Material
Garn: 1 Faden Bio-Wolle (100 % Schurwolle, Lauflänge 50 g/145 m) und 1 Faden Mohair-Garn (45 % Seide, 33 % Mohair, 22 % Babyalpaka, Lauflänge 20 g/240 m)
Füllwatte
Perlen für die Augen
Hinweis: Das Schwänzchen wird mit Mohair-Garn aufgestickt.

Anleitung
4 Maschen mit Rundstricknadel Nr. 3, mit 1 Faden Bio-Wolle und 1 Faden Mohair-Garn anschlagen.
Zur Runde schließen. Sie starten von der Schnauze aus.

1. Runde: *2in1*, *–* bis zum Ende der Runde = 8 Maschen.
2. Runde: 2in1, 2 Maschen rechts, 2in1, 4 Maschen rechts = 10 Maschen.
3. Runde: 1 Masche rechts, 2in1, 2 Maschen rechts, 2in1, 5 Maschen rechts = 12 Maschen.
4. Runde: 2 Maschen rechts, 2in1, 2 Maschen rechts, 2in1, 6 Maschen rechts.
5. Runde: 3 Maschen rechts, 2in1, 2 Maschen rechts, 2in1, 7 Maschen rechts = 16 Maschen.

6. Runde: 4 Maschen rechts, 2in1, 2 Maschen rechts, 2in1, 8 Maschen rechts = 18 Maschen.
7. Runde: 5 Maschen rechts, 2in1, 2 Maschen rechts, 2in1, 9 Maschen rechts = 20 Maschen.
8. Runde: 6 Maschen rechts, 2in1, 2 Maschen rechts, 2in1, 10 Maschen rechts = 22 Maschen.
9.–16. Runde: Alle Maschen rechts stricken.
17. Runde: *2 r zus*, 9 mal *–*, 4 Maschen rechts = 13 Maschen.
18. Runde: 3 Maschen rechts, ZDA, 7 Maschen rechts = 11 Maschen.
19. Runde: 2 Maschen rechts, ZDA, 6 Maschen rechts = 9 Maschen.
20. Runde: 1 Masche rechts, ZDA, 5 Maschen rechts = 7 Maschen.

Den Faden durchschneiden und das Fadenende durch die verbliebenen Maschen führen. Das Kaninchen mit Watte füllen. Den Faden fest anziehen und das Fadenende vernähen.

Ohren

3 Maschen mit Nadel Nr. 3, mit einem Faden Bio-Wolle und 1 Faden Mohair-Garn anschlagen.
12 Reihen kraus rechts hin- und zurückstricken. Den Faden durchschneiden und das Fadenende durch alle 3 Maschen führen. Den Faden fest anziehen und das Fadenende vernähen. Ein weiteres Ohr dementsprechend stricken.

Die Anschlagkante des Ohrs mittig falten und am Kopf annähen. Mit dem anderen Ohr wiederholen.

Augen, Nase und Schwänzchen aufsticken.

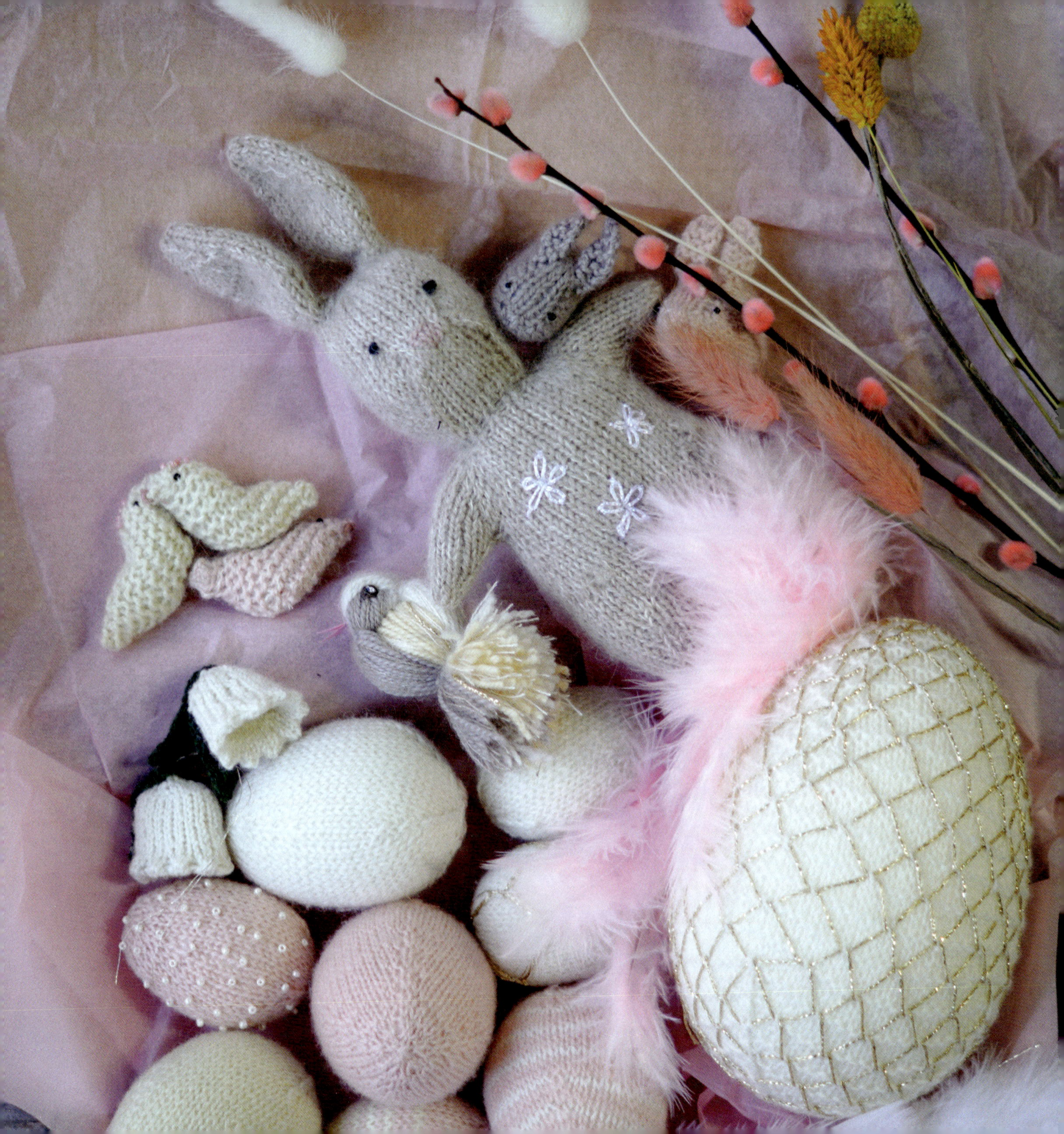

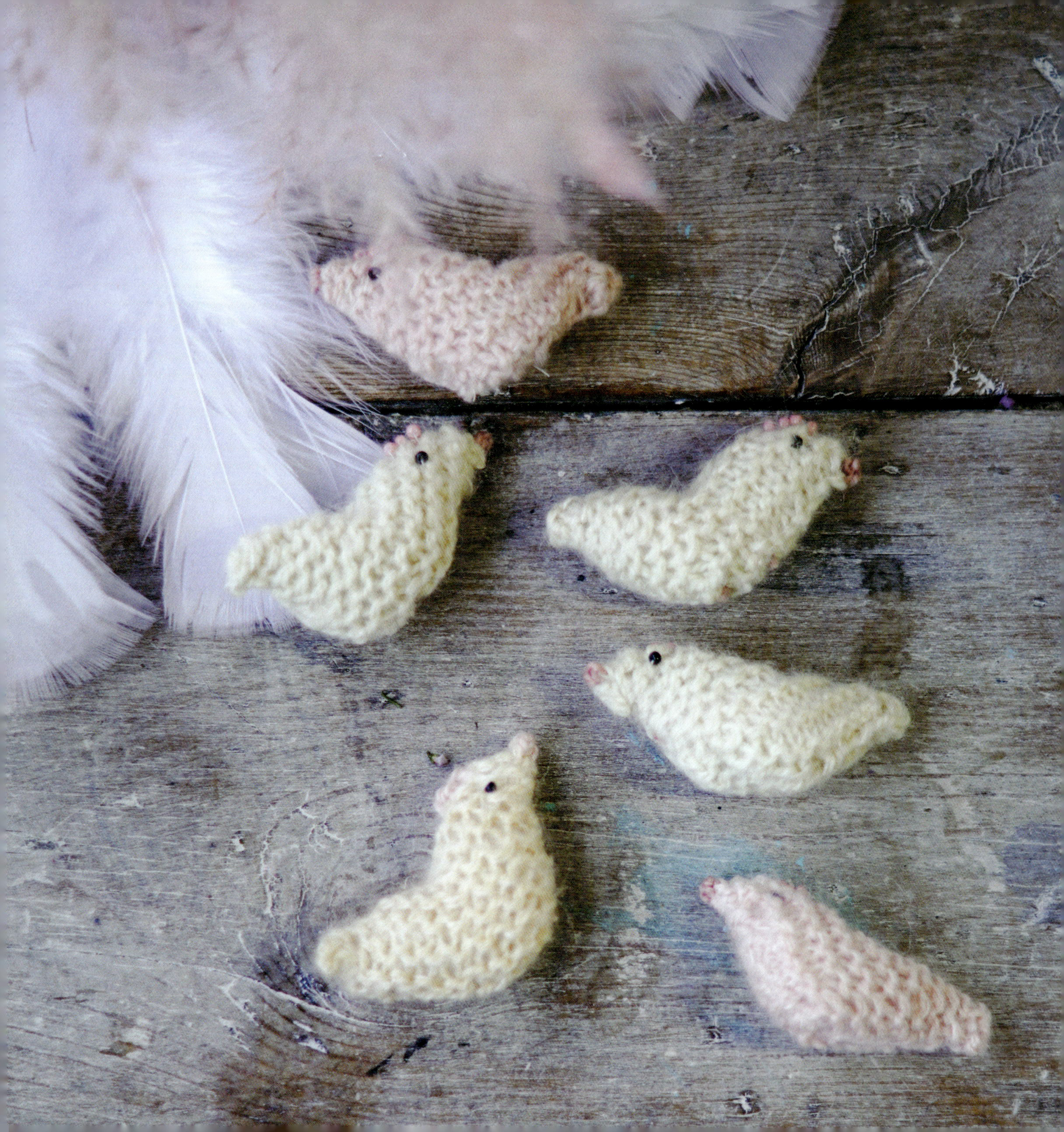

MINIHUHN

Diese kleinen Osterhühner sind nur aus einem kleinen Quadrat gemacht, aber sobald Sie sie zusammennähen und etwas an dem Faden ziehen, werden sie lebendig.

Maße: Das fertige Huhn misst ca. 3 cm.

Empfohlene Nadel: Rundstricknadel Nr. 3

Maschenprobe: Ca. 26 Maschen und 42 Reihen kraus rechts gestrickt = 10 x 10 cm

Material

Garn: 1 Faden Bio-Wolle (100 % Schurwolle, Lauflänge 50 g/145 m) und 1 Faden Mohair-Garn (45 % Seide, 33 % Mohair, 22 % Babyalpaka, Lauflänge 20 g/240 m)
Füllwatte
Perlen für Kamm und Augen (können auch aufgestickt werden)
Hinweis: Der Schnabel wird mit Bio-Wolle aufgestickt.

Anleitung

12 Maschen mit Nadel Nr. 3, mit 1 Faden Bio-Wolle und 1 Faden Mohair-Garn anschlagen.
Kraus rechts hin- und zurückstricken bis Sie ein Quadrat haben. Rechte Maschen mit rechten Maschen abketten.

Das Quadrat zu einem Dreieck falten und an den Seiten mit dem Matratzenstich zusammennähen – das Huhn mit Watte füllen, bevor Sie die Naht vollständig schließen.
Führen Sie einen Faden von der Spitze des Dreiecks durch den Boden und wieder zurück und ziehen Sie ihn fest an, sodass sich das Dreieck zu einem Herz wölbt. Den Faden gut vernähen.

Sticken Sie einen Schnabel, indem Sie mit 1 Faden Bio-Wolle zwei Stiche übereinanderlegen. Der Kamm und die Augen werden aus Perlen gefertigt.

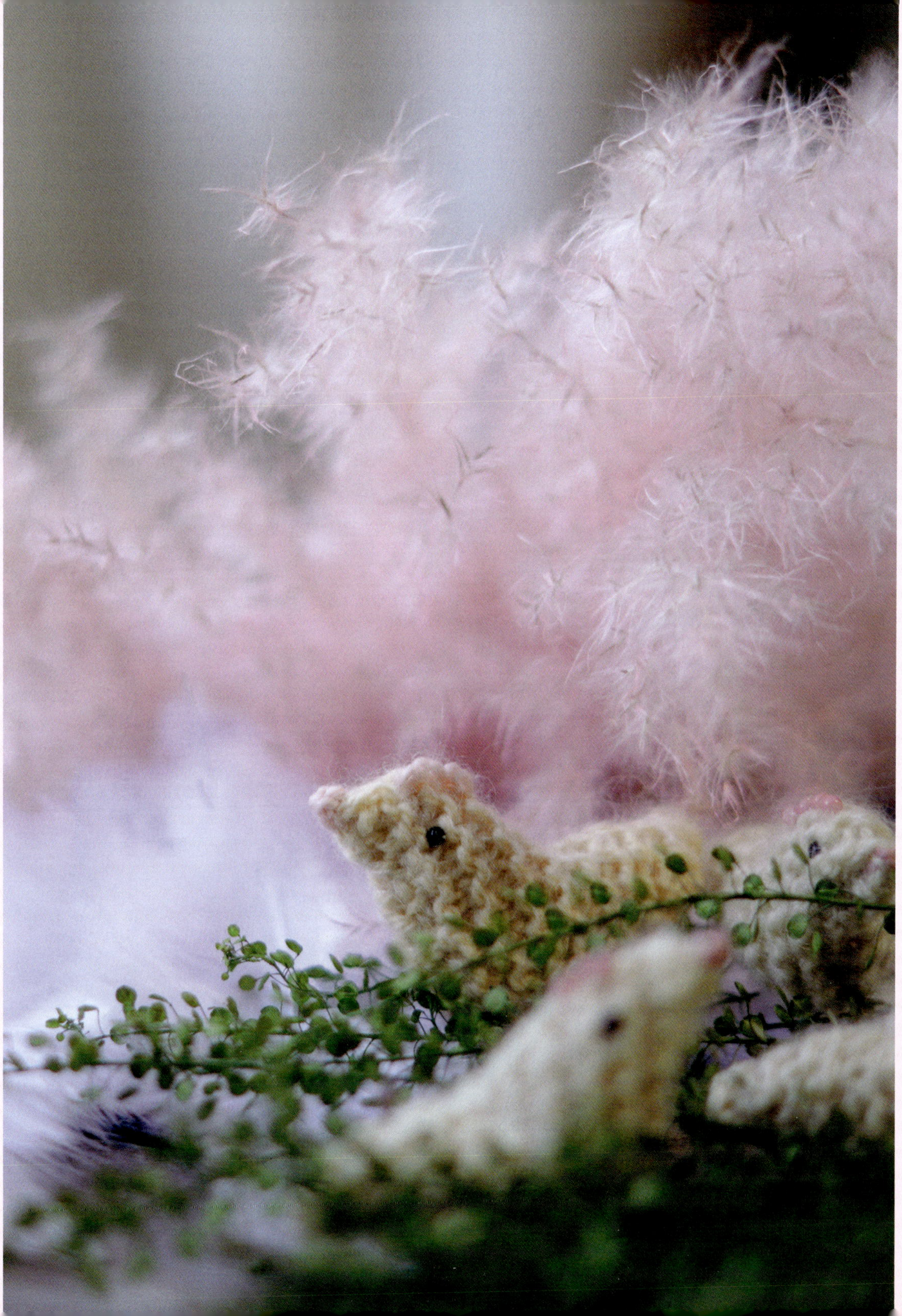

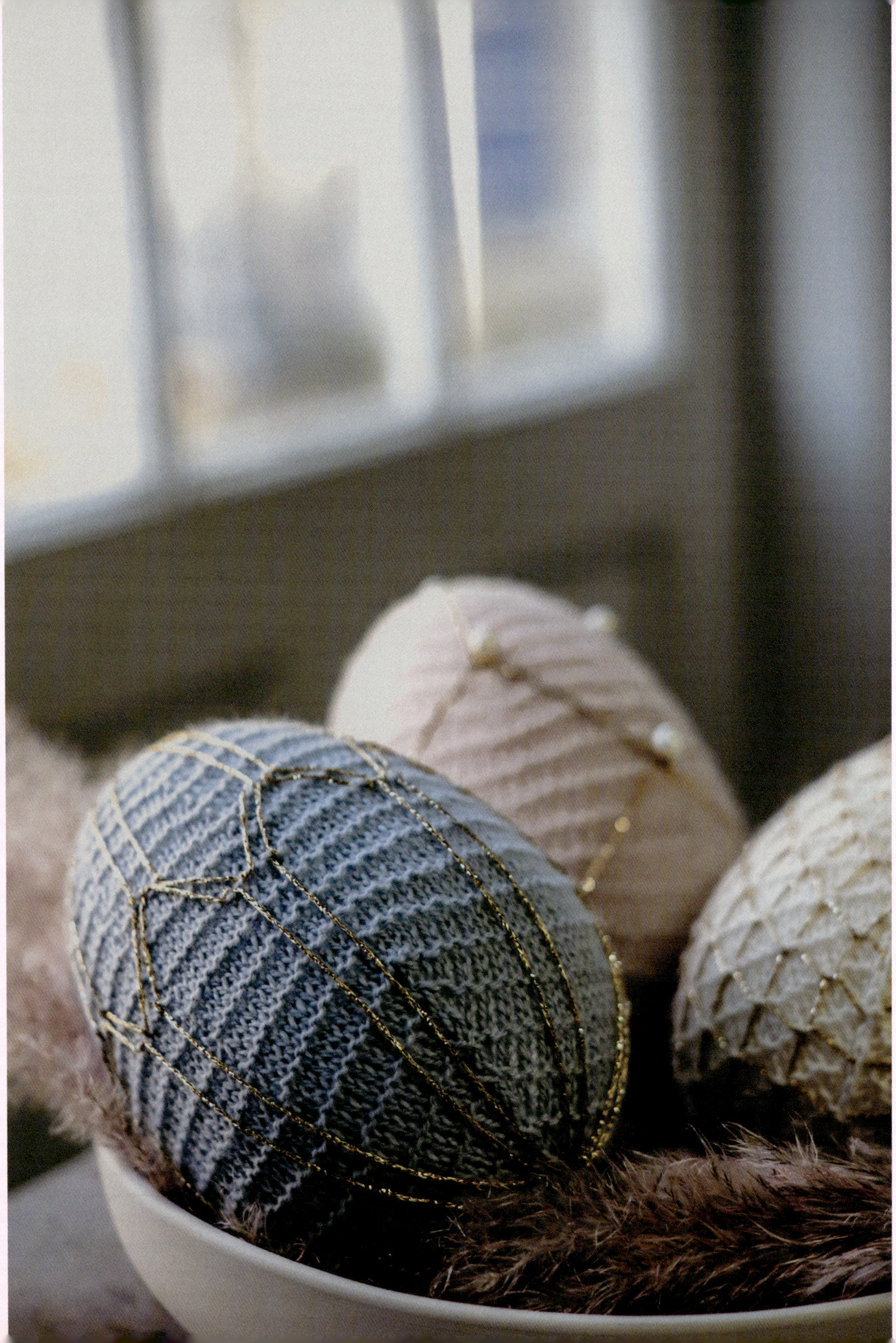

EIER À LA FABERGÉ

Lassen Sie sich von den schönen Fabergé-Eiern inspirieren, und verzieren Sie Ihre gestrickten Eier mit aufgestickten Mustern, die einer Großfürstin würdig wären.

Maße: Das Ei passt zu einem Styroporei von 15 cm Länge.

Empfohlene Nadel: Rundstricknadel Nr. 2,5

Maschenprobe: Ca. 28 Maschen und 40 Runden = 10 x 10 cm

Material
Garn: Bio-Wolle (100 % Schurwolle, Lauflänge 50 g/145 m)
Styroporei von 15 cm Länge
Perlen oder Glitzerfaden zum Verzieren
Eventuell Schnur für Aufhänger, aber auch liegende Eier sind eine sehr schöne Deko.

Anleitung
Für das Anfertigen dieser Eier sollten Sie Styroporeier zur Hand haben, da diese im Laufe der Arbeit eingefügt werden. Es wird von der Spitze des Eis herab gestrickt.

6 Maschen mit Rundstricknadel Nr. 2,5 und mit Bio-Wolle anschlagen, den Maschenmarkierer an den Anfang der Runde setzen und zur Runde schließen.

1. Runde: 2in1 in alle Maschen bis zum Ende der Runde stricken = 12 Maschen.
2. Runde: Alle Maschen rechts stricken.
3. Runde: *1 Masche rechts, Zun r, 1 Masche rechts, Zun l, 1 Masche rechts*, *-* bis zum Ende der Runde = 20 Maschen.
4. Runde: Alle Maschen links stricken.
5. Runde: Alle Maschen rechts stricken.
6. Runde: *2 Maschen rechts, Zun r, 1 Masche rechts, Zun l, 2 Maschen rechts*, *-* bis zum Ende der Runde = 28 Maschen.
7. Runde: Alle Maschen links stricken.
8. Runde: Alle Maschen rechts stricken.
9. Runde: *3 Maschen rechts, Zun r, 1 Masche rechts, Zun l, 3 Maschen rechts*, *-* bis zum Ende der Runde = 36 Maschen.
10. Runde: Alle Maschen links stricken.
11. Runde: Alle Maschen rechts stricken.
12. Runde: *4 Maschen rechts, Zun r, 1 Masche rechts, Zun l, 4 Maschen rechts*, *-* bis zum Ende der Runde = 44 Maschen.
13. Runde: Alle Maschen links stricken.
14. Runde: Alle Maschen rechts stricken.
15. Runde: *5 Maschen rechts, Zun r, 1 Masche rechts, Zun l, 5 Maschen rechts*, *-* bis zum Ende der Runde = 52 Maschen.
16. Runde: Alle Maschen links stricken.
17. Runde: Alle Maschen rechts stricken.
18. Runde: *6 Maschen rechts, Zun r, 1 Masche rechts, Zun l, 6 Maschen rechts*, *-* bis zum Ende der Runde = 60 Maschen.
19. Runde: Alle Maschen links stricken.
20. Runde: Alle Maschen rechts stricken.

35.–36. Runde: Alle Maschen rechts stricken.
37. Runde: Alle Maschen links stricken.
38.–39. Runde: Alle Maschen rechts stricken.
40. Runde: Alle Maschen links stricken.
41.–42. Runde: Alle Maschen rechts stricken.
43. Runde: Alle Maschen links stricken.
44.–45. Runde: Alle Maschen rechts stricken.
46. Runde: Alle Maschen links stricken.
47. Runde: 9 Maschen rechts, ZDA, *18 Maschen rechts, ZDA*, 3 mal *–*, 9 Maschen rechts = 76 Maschen.
48. Runde: Alle Maschen rechts stricken.
49. Runde: 8 Maschen rechts, ZDA, *16 Maschen links, ZDA*, 3 mal *–*, 8 Maschen links = 68 Maschen.
50. Runde: Alle Maschen rechts stricken.
51. Runde: 7 Maschen rechts, ZDA, *14 Maschen rechts, ZDA*, 3 mal *–*, 7 Maschen rechts = 60 Maschen.
52. Runde: Alle Maschen links stricken.
53. Runde: 6 Maschen rechts, ZDA, *12 Maschen rechts, ZDA*, 3 mal *–*, 6 Maschen rechts = 52 Maschen.
54. Runde: Alle Maschen rechts stricken.
55. Runde: 5 Maschen links, ZDA, *10 Maschen links, ZDA*, 3 mal *–*, 5 Maschen links = 44 Maschen.
56. Runde: Alle Maschen rechts stricken.
57. Runde: 4 Maschen rechts, ZDA, *8 Maschen rechts, ZDA*, 3 mal *–*, 4 Maschen rechts = 36 Maschen.
58. Runde: Alle Maschen links stricken.
59. Runde: 3 Maschen rechts, ZDA, *6 Maschen rechts, ZDA*, 3 mal *–*, 3 Maschen rechts = 28 Maschen.
60. Runde: Alle Maschen rechts stricken.
61. Runde: 2 Maschen links, ZDA, *4 Maschen links, ZDA*, 3 mal *–*, 2 Maschen links = 20 Maschen.
62. Runde: *2 r zus*, *–* bis zum Ende der Runde = 10 Maschen.

Den Faden durchschneiden und das Fadenende durch die verbliebenen Maschen führen. Den Faden fest anziehen und das Fadenende vernähen.

Den Bildern folgend Muster auf das Ei sticken.

BLAUES EI

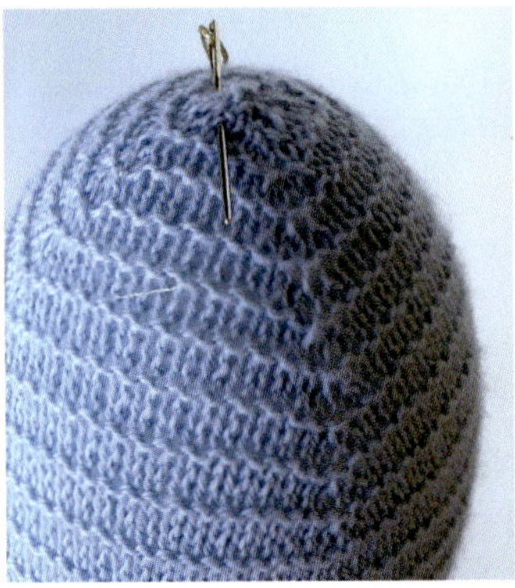

1.
Den Glitzerfaden einfädeln. An der Spitze des Eis beginnen. Führen Sie den Faden unter einer einzelnen Masche so hindurch, dass die Stickerei an der Spitze ihren Anfang nimmt.

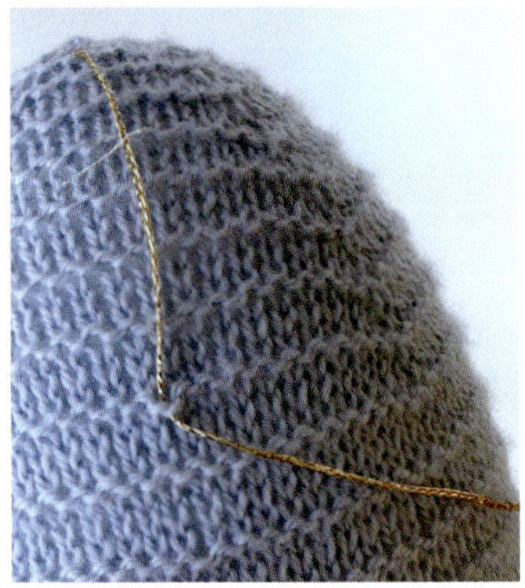

2.
Ca. ⅓ darunter eine Krausrippe auswählen. Den Faden unter der Krausrippe hindurchführen.

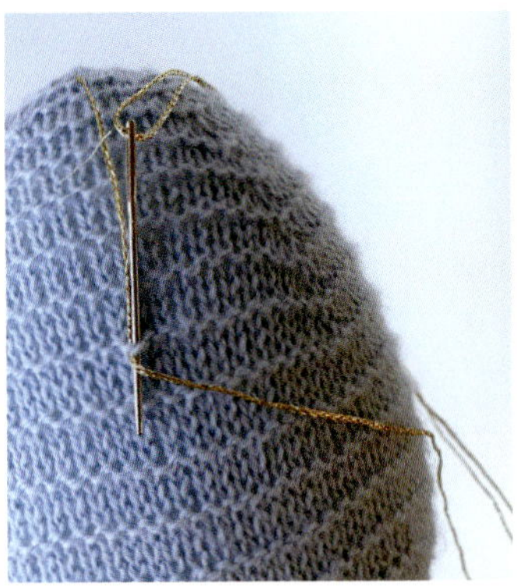

3.
Die Nadel ein zweites Mal hindurchführen um die Stickerei zu fixieren.

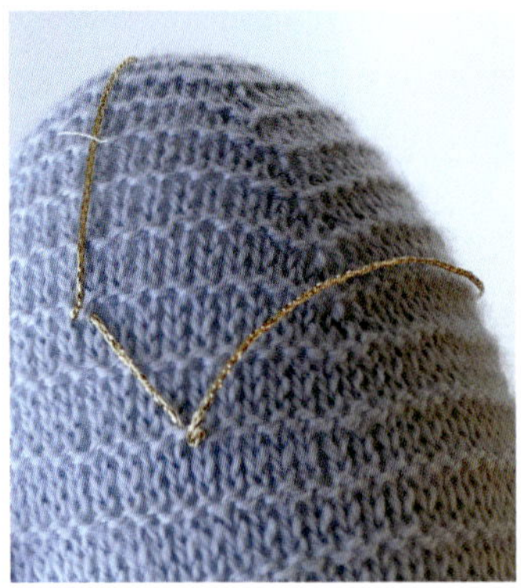

4.
Den Faden zwei Krausrippen weiter nach unten führen und um einige Maschen versetzt fixieren.

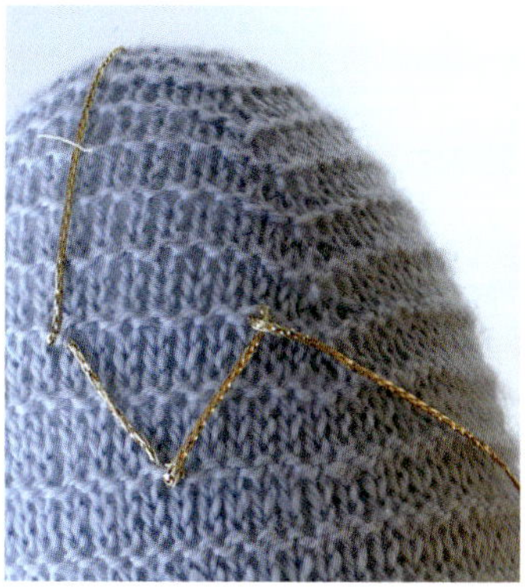

5.
Den Faden wieder zwei Krausrippen nach oben führen und gemäß der gegenüberliegenden Seite versetzt fixieren.

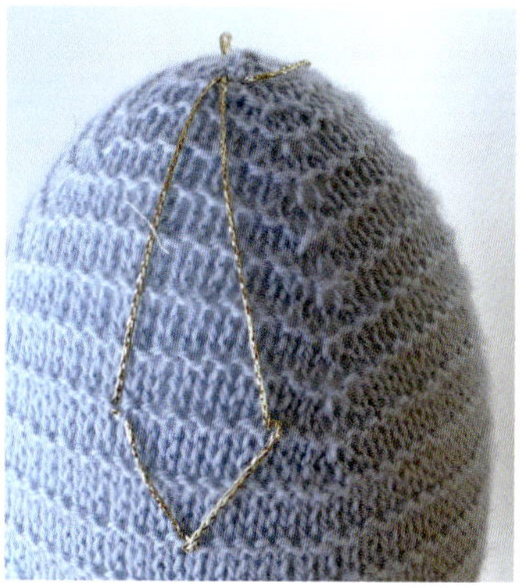

6.
Den Faden zurück zum Ausgangsloch führen.

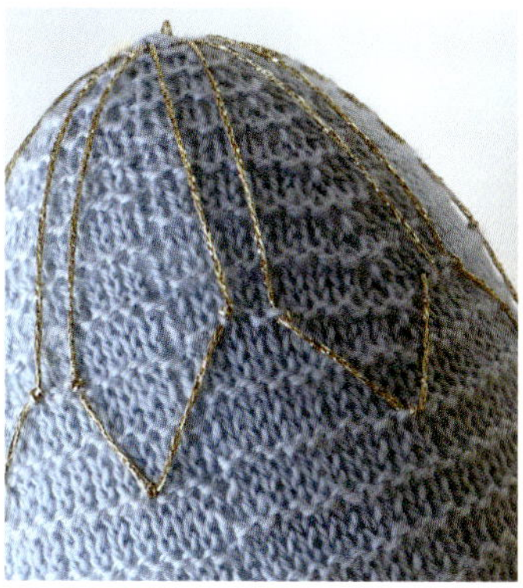

7.
Um das gesamte Ei herum mit jeweils 1–2 Maschen Abstand zwischen jedem Tropfen wiederholen.

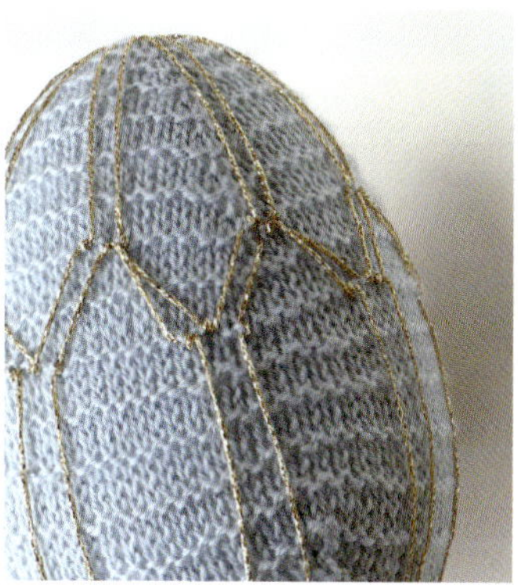

8.
Das Ei umdrehen und die Schritte 1–7 so wiederholen, dass die Bodentropfen in Relation zu denjenigen an der Spitze versetzt liegen. Die Spitzen der neuen Tropfen sollen also in den Zwischenräumen zwischen denjenigen liegen, die Sie bereits gefertigt haben.

WEISSES EI

Bei dieser Stickerei orientieren Sie sich an den vier Zunahmen, um die Relation zur Mitte zu bestimmen.

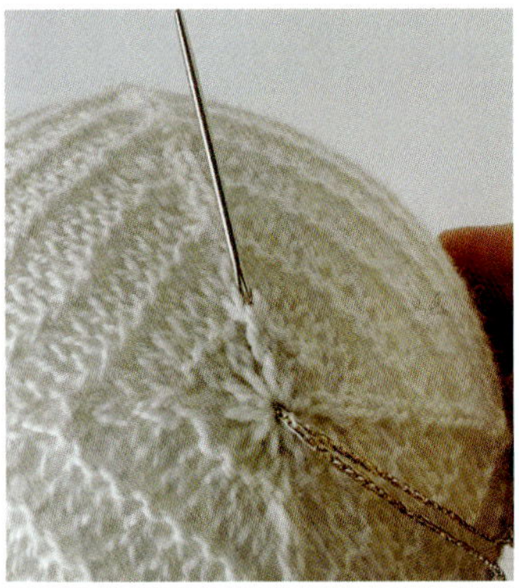

1.
Einen Glitzerfaden einfädeln. Auf dem Boden des Eis beginnen. Den Faden durch das kleine Loch im Boden zur ersten Krausrippe durch die Zunahme hindurch führen.

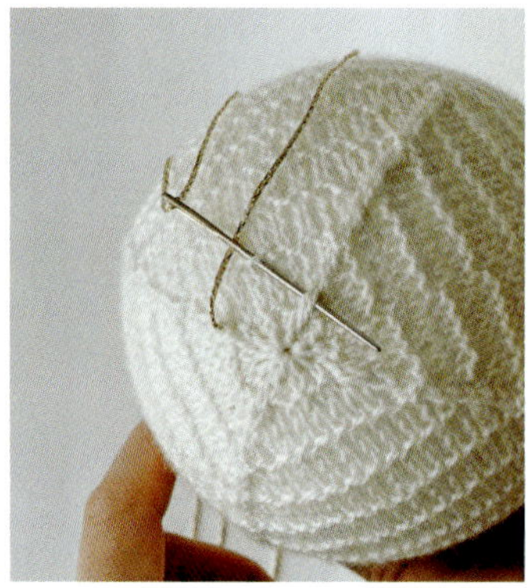

2.
Die Nadel in der Krausrippe darüber durch die mittlere Masche zwischen zwei Zunahmen und zurück zu der ersten Krausrippe und durch die nächste Zunahme führen.

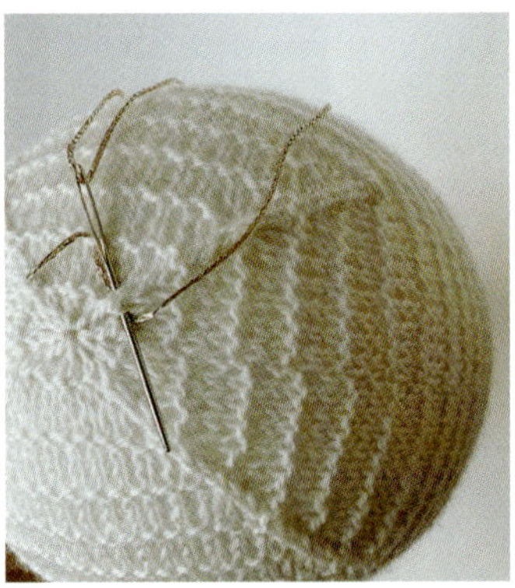

3.
Die Nadel durch die Zunahme zurückführen damit der Faden fixiert wird.

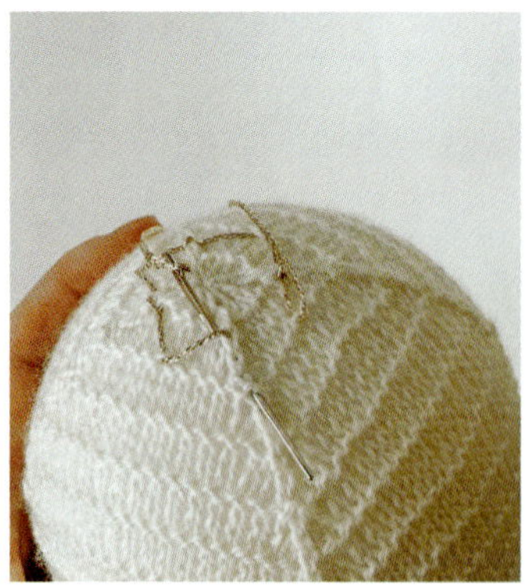

4.
Um das ganze Ei herum wiederholen und die Schritte bei der nächsten Krausrippe wiederholen.

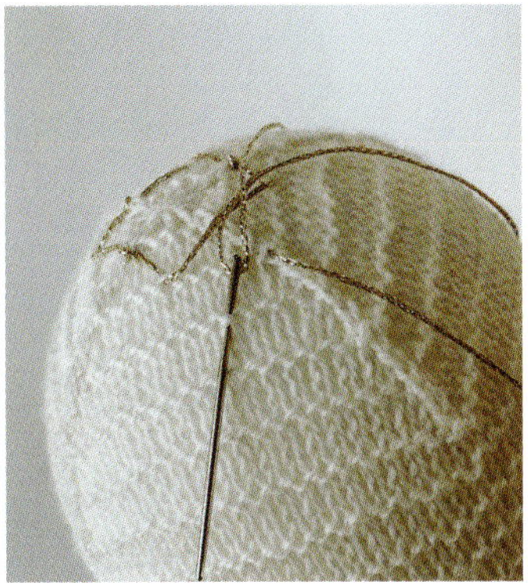

5.
Orientieren Sie sich an der ersten Krausrippe, wenn Sie die Nadel zu der nächsten Krausrippe führen, und platzieren Sie den Stich in Relation dazu versetzt.

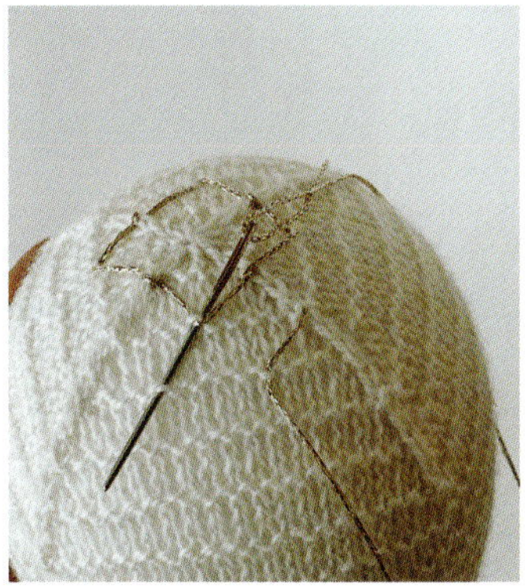

6.
Wenn Sie zu der vorherigen Krausrippe zurückkehren, müssen Sie mit der Nadel den vorherigen Stich treffen.

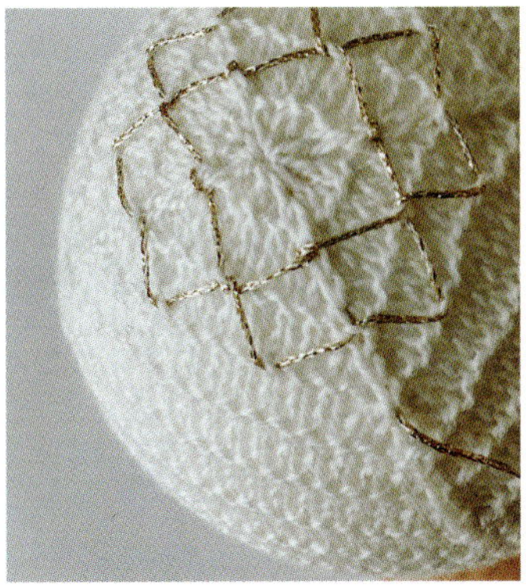

7.
Um das ganze Ei herum wiederholen und Richtung Spitze fortfahren.

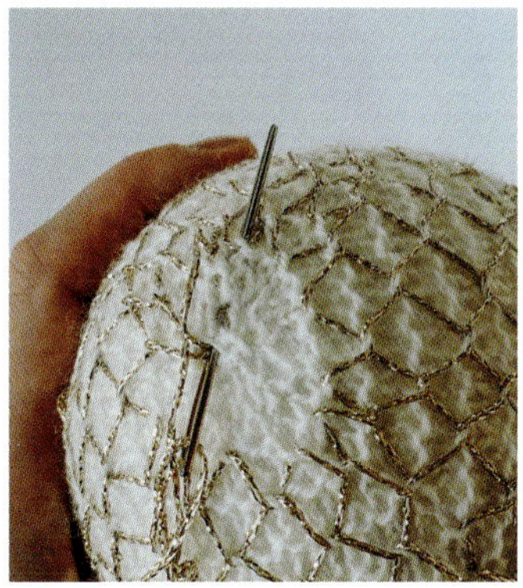

8.
Wenn Sie oben angelangt sind, wird zum Schluss von den Spitzen der Rauten und durch das kleine Loch am Ende hin und zurück gestickt.

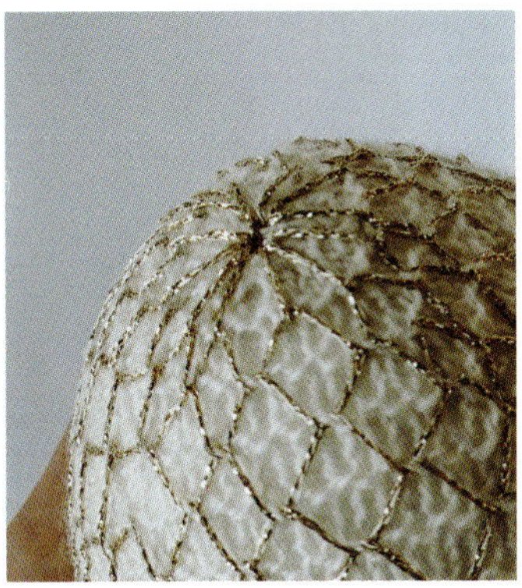

9.
Das fertige Ei.

ROSAFARBENES EI

Verwenden Sie die gleiche Technik wie bei dem weißen Ei, aber diesmal mit jeweils vier Krausrippen Zwischenraum, um größere Rauten zu erzielen. Platzieren Sie danach eine Perle auf jedem Kreuzungspunkt und nähen Sie sie an.

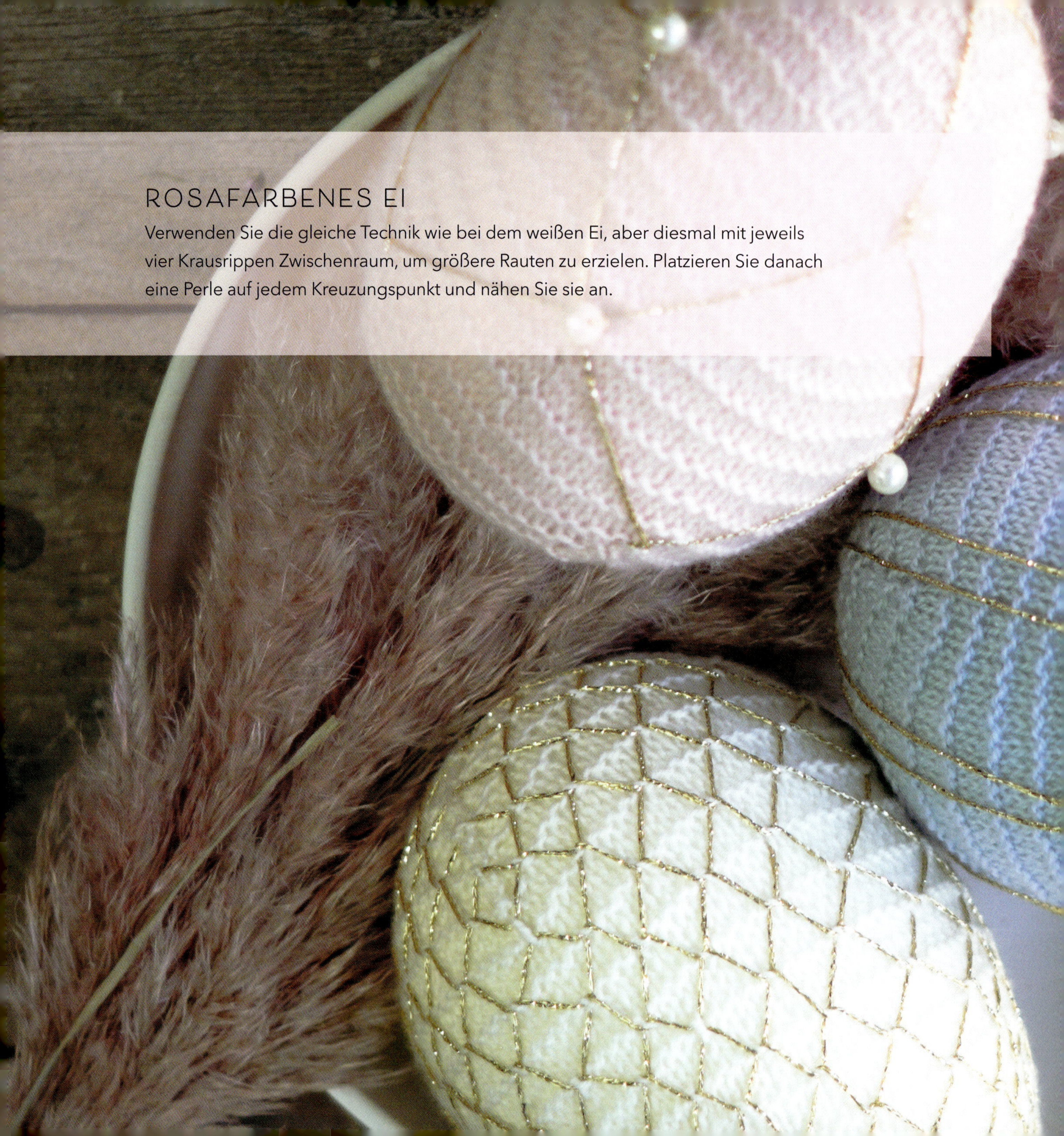

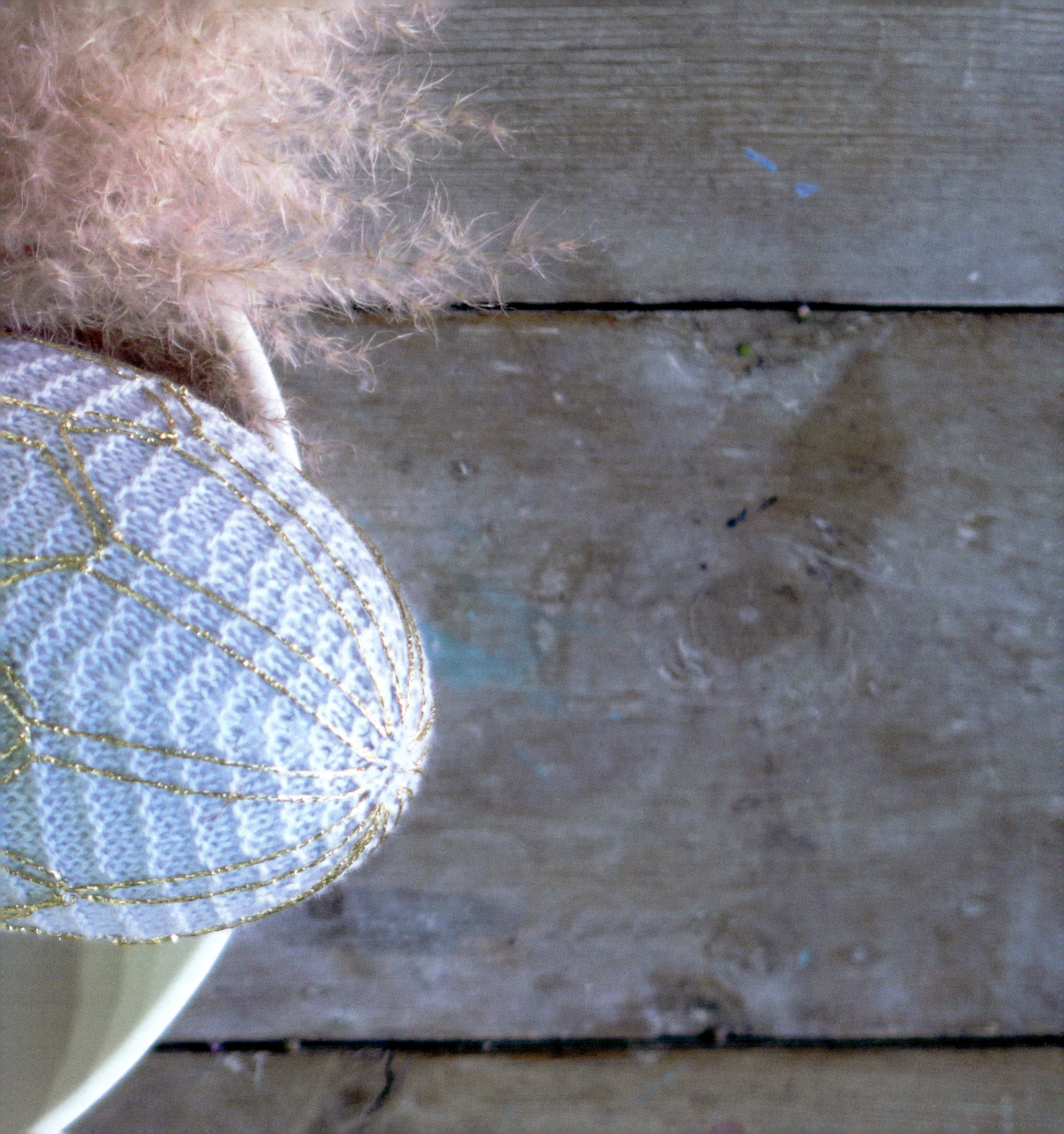

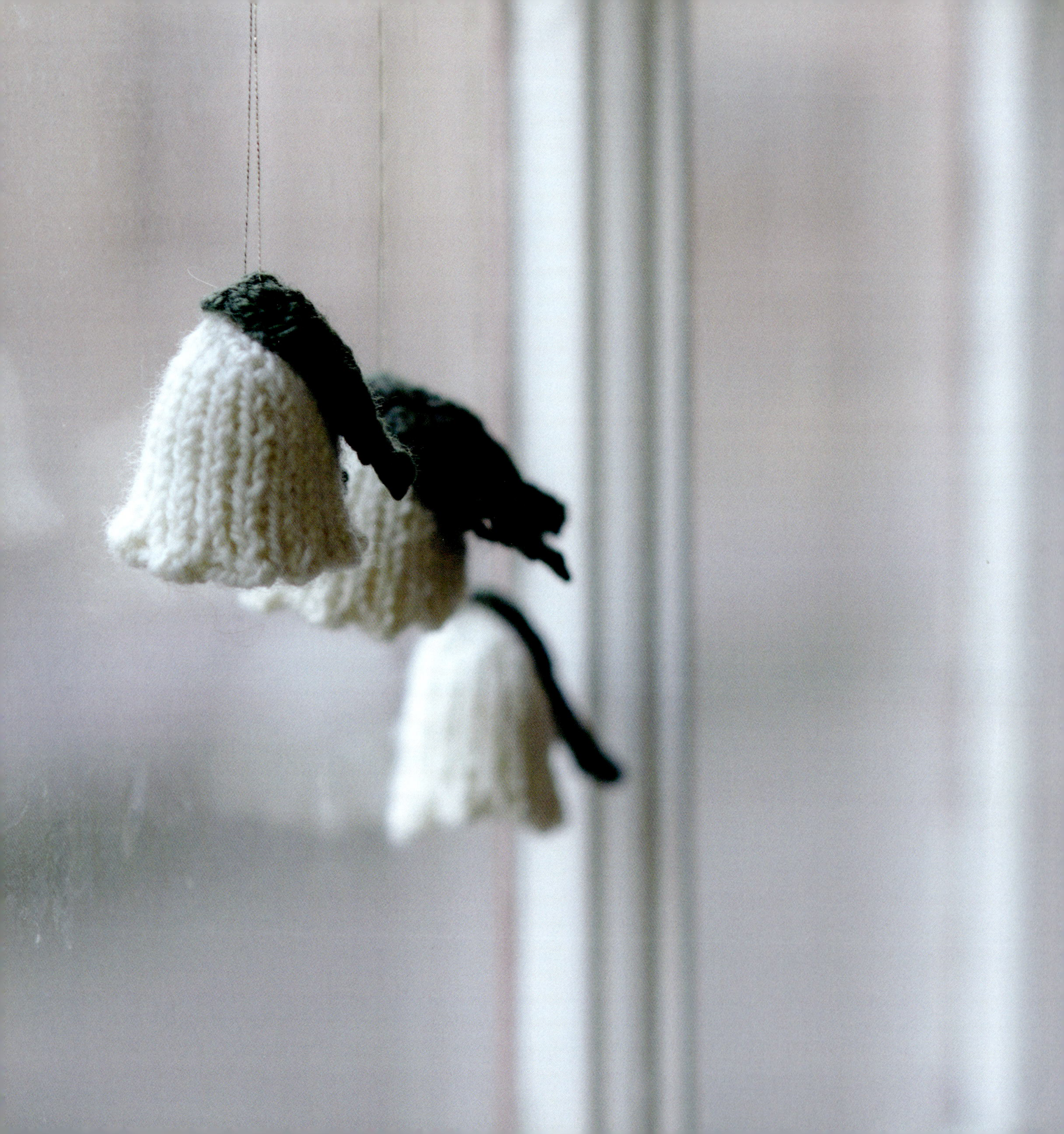

SCHNEEGLÖCKCHEN

Sobald die Schneeglöckchen als fast Erste durch den Wintermulch brechen und den Frühling ankündigen, schmuggeln wir sie in Osterbriefe und stellen sie in kleine Vasen. Hier können Sie hängende Schneeglöckchen anfertigen und selbst entscheiden, ob diese noch vor ihren Freunden draußen vor der Tür nach oben kommen sollen.

Maße: Die Schneeglöckchen messen ca. 5 cm.

Empfohlene Nadel: Rundstricknadel Nr. 2,5

Maschenprobe: Ca. 28 Maschen und 40 Reihen = 10 x 10 cm

Material
Garn: Bio-Wolle (100 % Schurwolle, Lauflänge 50 g/145 m)
Schnur für die Aufhänger.

Anleitung
Blütenkopf
4 Maschen mit Rundstricknadel Nr. 2,5 und mit Bio-Wolle anschlagen, einen Maschenmarkierer an den Beginn der Runde setzen und zur Runde schließen.

1. Runde: 2in1 in alle Maschen bis zum Ende der Runde stricken = 8 Maschen.
2. Runde: *1 Masche rechts, 2in1*, *-* bis zum Ende der Runde = 12 Maschen.
3. Runde: *2 Maschen rechts, 2in1*, *-* bis zum Ende der Runde = 16 Maschen.
4. Runde: *3 Maschen rechts, 2in1*, *-* bis zum Ende der Runde = 20 Maschen.
5.–16. Runde: Alle Maschen rechts stricken.

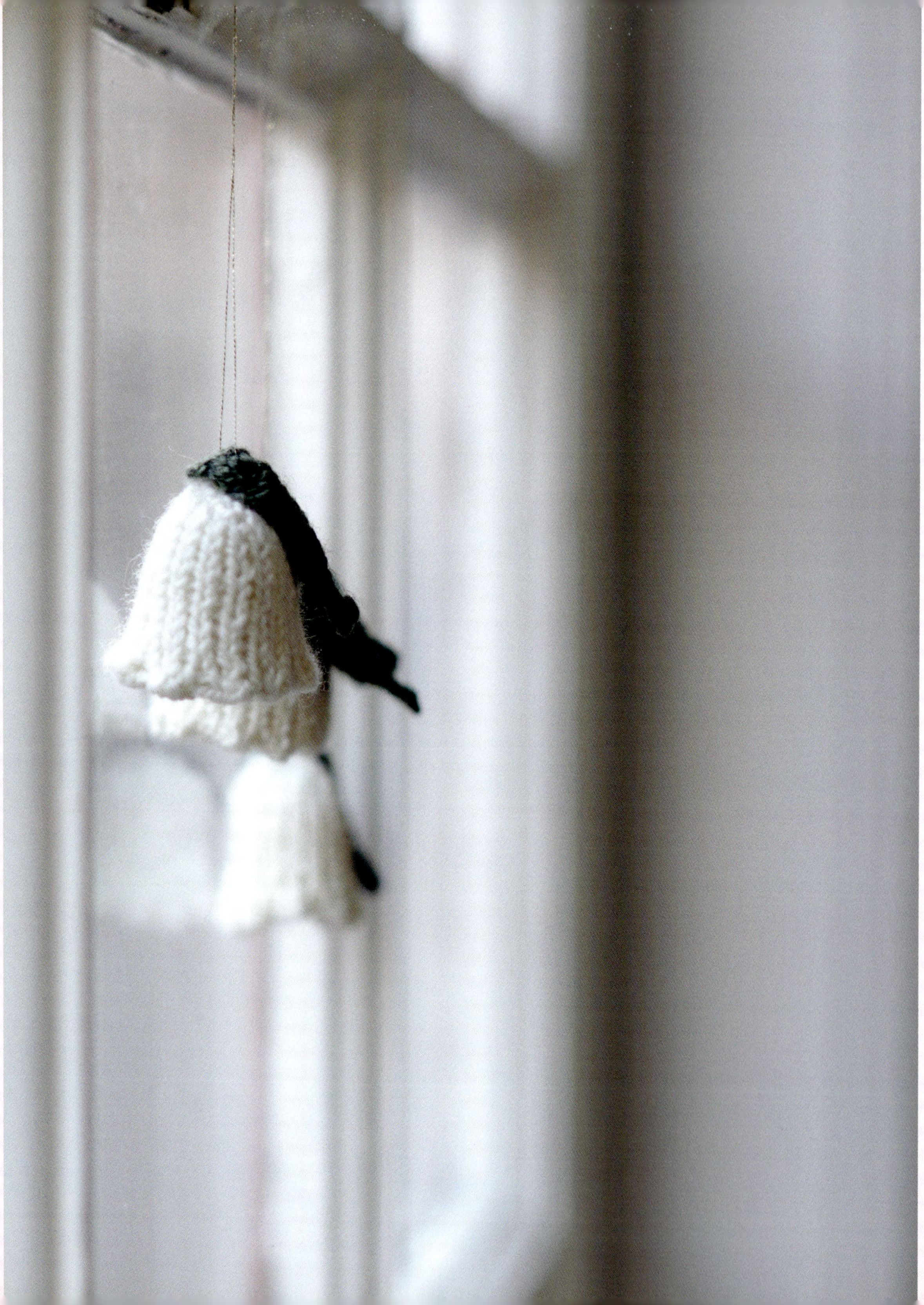

17. Runde: *2 r zus, den Faden um die Nadel legen*, *–* bis zum Ende der Runde.
18.–25. Runde: Alle Maschen rechts stricken.
Rechts abketten. Schlagen Sie den unteren Teil der Blüte entlang der Lochkante in der Mitte in den oberen Teil um. Das Fadenende vernähen und den Umschlag mit ein paar Stichen innen in der Blüte fixieren.

Blätter

3 Maschen mit Nadeln Nr. 2,5 und mit Bio-Wolle anschlagen.
1. Reihe: Alle Maschen links stricken.
2. Reihe: 1 Masche rechts, Zun r, 1 Masche rechts, Zun l, 1 Masche rechts = 5 Maschen.
3. Reihe: Alle Maschen links stricken.
4. Reihe: 2 Maschen rechts, Zun r, 1 Masche rechts, Zun l, 2 Maschen rechts = 7 Maschen.
5. Reihe: Alle Maschen links stricken.
6. Reihe: 2 Maschen rechts, ZDA, 2 Maschen rechts = 5 rechte Maschen.
7. Reihe: Alle Maschen links stricken.
8. Reihe: Alle Maschen rechts stricken.
9. Reihe: Alle Maschen links stricken.
10. Reihe: 1 Masche rechts, ZDA, 1 Masche rechts = 3 rechte Maschen.
11. Reihe: Alle Maschen links stricken.
12. Reihe: Alle Maschen rechts stricken.
13. Reihe: Alle Maschen links stricken.
14. Reihe: 3 r zus = 1 Masche.

Den Faden durchschneiden und durch die verbliebene Masche ziehen. Das Fadenende vernähen. Ein weiteres Blatt stricken.

Fertigstellung

Legen Sie die beiden Blätter leicht versetzt oben auf den Blütenkopf und befestigen Sie sie mit ein paar Stichen. Fügen Sie als Aufhänger eine dünne Schnur hinzu.

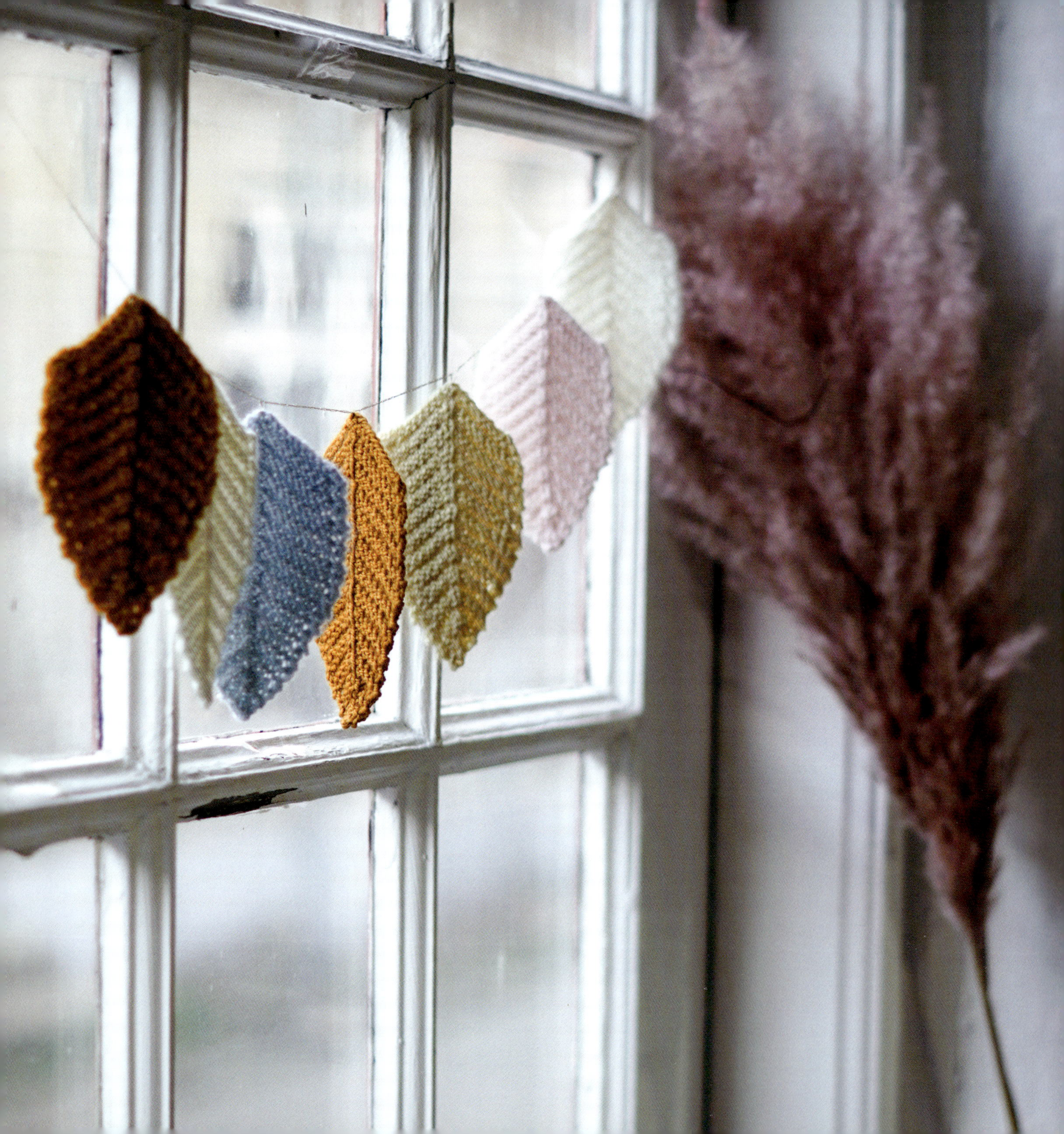

FEDERN

Als einfache Anhänger können die Federn einen Zweig oder ein Fenster schmücken, oder aber Sie fügen sie zu einer hübschen Girlande zusammen oder verwenden sie für den Traumfänger auf Seite 71.

Maße: Die Feder misst ca. 11 cm.

Empfohlene Nadel: Rundstricknadel Nr. 2,5

Maschenprobe: Ca. 28 Maschen und 40 Reihen = 10 x 10 cm

Material
Garn: Bio-Wolle (100 % Schurwolle, Lauflänge 50 g/145 m)

Anleitung
21 Maschen mit Nadeln Nr. 2,5 und mit Bio-Wolle anschlagen.

1. Reihe: Alle Maschen rechts stricken.
2. Reihe: Faden hinter die Arbeit legen und 1 Masche abheben, 2in1, 7 Maschen rechts, ZDA, 7 Maschen rechts, 2in1, 1 Masche rechts.
3. Reihe: Faden vor die Arbeit legen und 1 Masche abheben, 20 Maschen links.
4. Reihe: Faden hinter die Arbeit legen und 1 Masche abheben, 9 Maschen links, 1 Masche rechts, 10 Maschen links.
5. Reihe: Faden vor die Arbeit legen und 1 Masche abheben, 9 Maschen rechts, 1 Masche links, 10 Maschen rechts.
6.–21. Reihe: 2.–5. Reihe weitere 4 mal wiederholen.
22. Reihe: Faden hinter die Arbeit legen und 1 Masche abheben, 8 Maschen rechts, ZDA, 9 Maschen rechts = 19 Maschen
23. Reihe: Faden vor die Arbeit legen und 1 Masche abheben, 18 Maschen links.

24. Reihe: Faden hinter die Arbeit legen und 1 Masche abheben, 8 Maschen links, 1 Masche rechts, 9 Maschen links.
25. Reihe: Faden vor die Arbeit legen und 1 Masche abheben, 8 Maschen rechts, 1 Masche links, 9 Maschen rechts.
26. Reihe: Faden hinter die Arbeit legen und 1 Masche abheben, 7 Maschen rechts, ZDA, 8 Maschen rechts = 17 Maschen.
27. Reihe: Faden vor die Arbeit legen und 1 Masche abheben, 16 Maschen rechts.
28. Reihe: Faden hinter die Arbeit legen und 1 Masche abheben, 7 Maschen links, 1 Masche rechts, 8 Maschen links.
29. Reihe: Faden vor die Arbeit legen und 1 Masche abheben, 7 Maschen rechts, 1 Masche links, 8 Maschen rechts.
30. Reihe: Faden hinter die Arbeit legen und 1 Masche abheben, 6 Maschen rechts, ZDA, 7 Maschen rechts = 15 Maschen.
31. Reihe: Faden vor die Arbeit legen und 1 Masche abheben, 14 Maschen links.
32. Reihe: Faden hinter die Arbeit legen und 1 Masche abheben, 6 Maschen links, 1 Masche rechts, 7 Maschen links.
33. Reihe: Faden vor die Arbeit legen und 1 Masche abheben, 6 Maschen rechts, 1 Masche links, 7 Maschen rechts.
34. Reihe: Faden hinter die Arbeit legen und 1 Masche abheben, 5 Maschen rechts, ZDA, 6 Maschen rechts = 13 Maschen.
35. Reihe: Faden vor die Arbeit legen und 1 Masche abheben, 12 Maschen links.
36. Reihe: Faden hinter die Arbeit legen und 1 Masche abheben, 5 Maschen links, 1 Masche rechts, 6 Maschen links.
37. Reihe: Faden vor die Arbeit legen und 1 Masche abheben, 5 Maschen rechts, 1 Masche links, 6 Maschen rechts.
38. Reihe: Faden hinter die Arbeit legen und 1 Masche abheben, 4 Maschen rechts, ZDA, 5 Maschen rechts = 11 Maschen.
39. Reihe: Faden vor die Arbeit legen und 1 Masche abheben, 10 Maschen links.
40. Reihe: Faden hinter die Arbeit legen und 1 Masche abheben, 4 Maschen links, 1 Masche rechts, 5 Maschen links.
41. Reihe: Faden vor die Arbeit legen und 1 Masche abheben, 4 Maschen rechts, 1 Masche links, 5 Maschen rechts.

42. Reihe: Faden hinter die Arbeit legen und 1 Masche abheben, 3 Maschen rechts, ZDA, 4 Maschen rechts = 9 Maschen.
43. Reihe: Faden vor die Arbeit legen und 1 Masche abheben, 8 Maschen links.
44. Reihe: Faden hinter die Arbeit legen und 1 Masche abheben, 3 Maschen links, 1 Masche rechts, 4 Maschen links.
45. Reihe: Faden vor die Arbeit legen und 1 Masche abheben, 2 Maschen rechts, 3 l zus, 3 Maschen rechts = 7 Maschen.
46. Reihe: Faden hinter die Arbeit legen und 1 Masche abheben, 1 Masche rechts, ZDA, 2 Maschen rechts = 5 Maschen.
47. Reihe: Faden vor die Arbeit legen und 1 Masche abheben, 4 Maschen links.
48. Reihe: Faden hinter die Arbeit legen und 1 Masche abheben, 1 Masche links, 1 Masche rechts, 2 Maschen links.
49. Reihe: Faden vor die Arbeit legen und 1 Masche abheben, 3 l zus, 1 Masche rechts = 3 Maschen.
50. Reihe: Abketten, indem Sie den Faden durchschneiden, 3 Maschen rechts zusammen stricken und den Faden hindurchführen. Fest anziehen und das Fadenende vernähen.

Damit sich die Federn glätten, kann man sie gut mit dem Bügeleisen unter einem feuchten Tuch etwas pressen.

Girlande

Wenn Sie so viele Federn gestrickt haben, wie Sie wollten, können Sie sie durch eine Schnur verbinden. Damit die Girlande möglichst leicht wirkt, wurde hier zum Häkeln Nähgarn verwendet.

Häkeln Sie eine Schnur aus Luftmaschen von ungefähr 20 cm Länge. Fügen Sie eine Feder hinzu und häkeln Sie feste Maschen durch die oberste Kante zwischen den Krausrippen des Gestrickten. Sobald die Feder festgehäkelt ist, werden weitere 10 cm Luftmaschen gehäkelt, wonach eine neue Feder hinzugefügt wird. Wiederholen Sie dies bis Sie keine Federn mehr übrig haben und häkeln Sie zum Schluss noch einmal ca. 20 cm Luftmaschen.

Falls Sie nicht häkeln können, können Sie auch eine I-Cord-Schnur stricken und die Federn annähen oder Sie befestigen sie mit einem Heftstich zum Beispiel an einer Lederschnur.

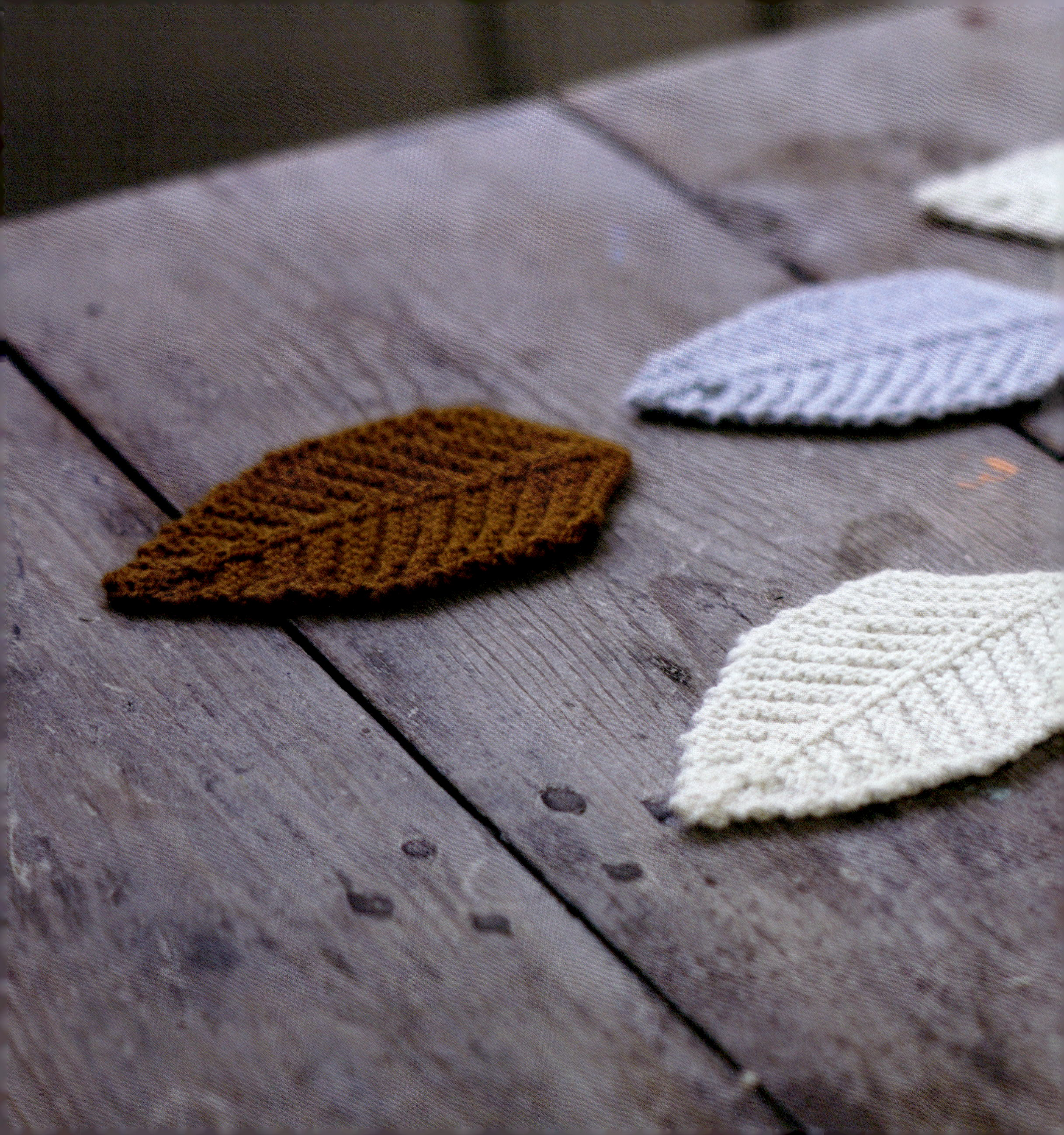

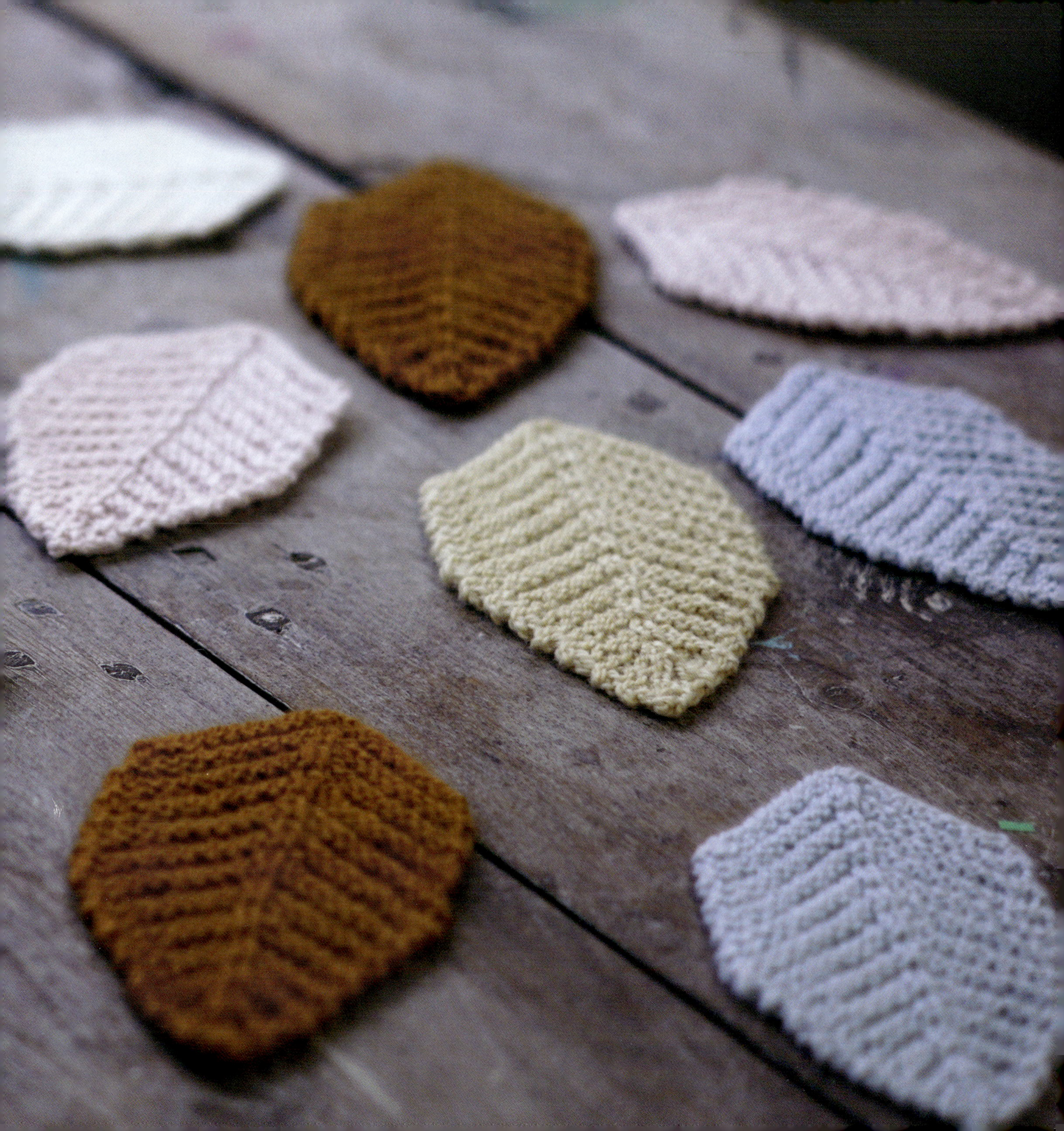

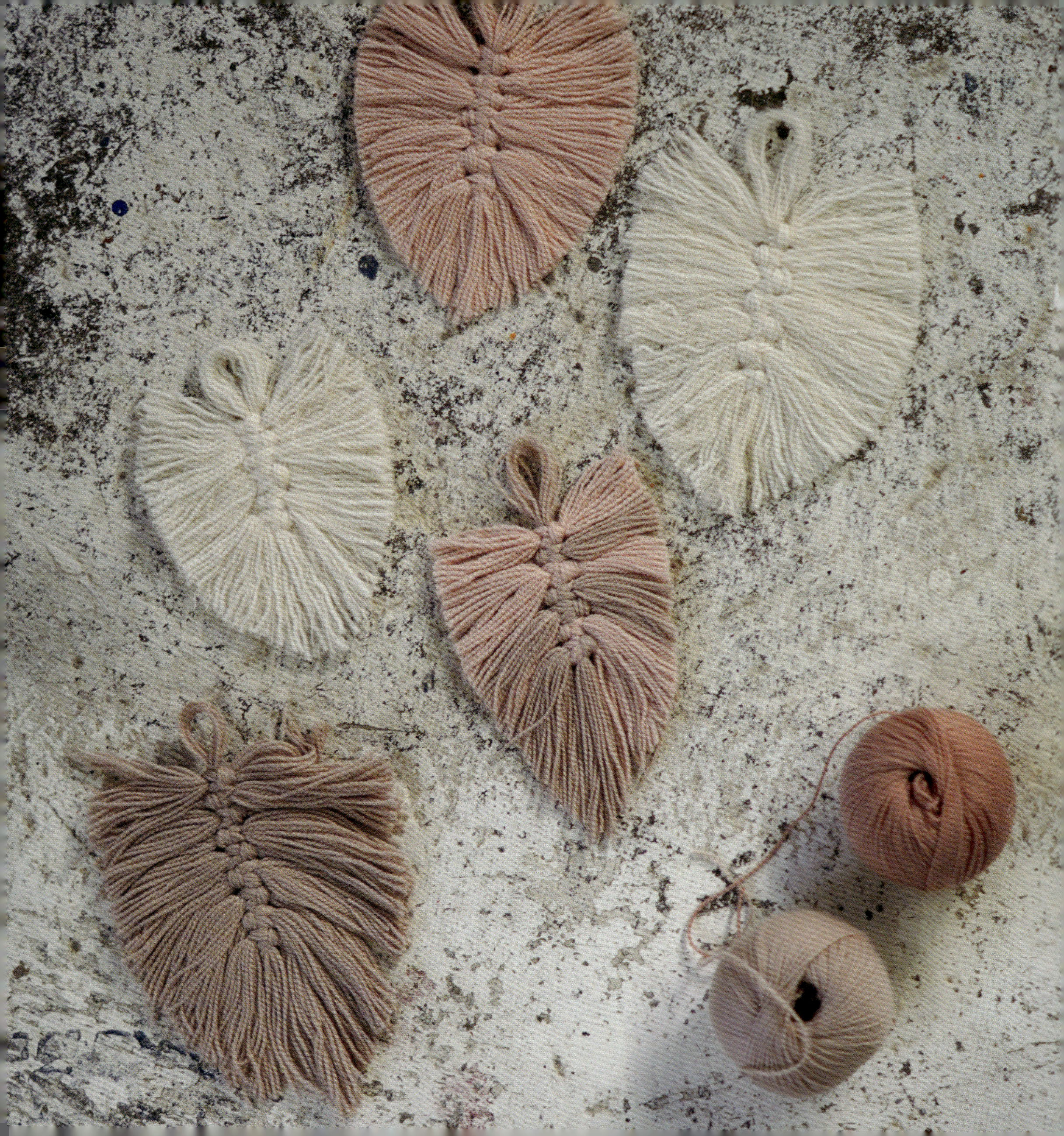

MAKRAMEEFEDERN

Falls die Nadeln ruhen sollen, aber nicht die Hände, dann stürzen Sie sich auf diese hübschen, geknüpften Federn – die perfekte Art seine Reste zu verbrauchen.

Material

Garnreste – hier wurde eine Mischung aus Bio-Wolle und Mohair-Garn verwendet.
Eventuell Lack – zum Beispiel Haarlack.

So werden sie gemacht

Sie können die Federn in jeder Größe anfertigen, die Sie möchten. Am einfachsten lassen sie sich jedoch aus Fäden knüpfen, die nicht kürzer als 20 cm sind.
Die fertigen Federn auf den Bildern sind aus kleinen Garnsträngen à 6 Fäden gemacht.
Die Fäden jedes Strangs sind jeweils 25 cm lang. Für die Mittelschnur wurde ein Strang aus 40 cm langen Fäden verwendet. Folgen Sie der Anleitung auf den Bildern, um die Stränge korrekt zu befestigen.

Um die Technik so deutlich wie möglich zu zeigen, wird sie hier mit Makramee-Garn demonstriert.

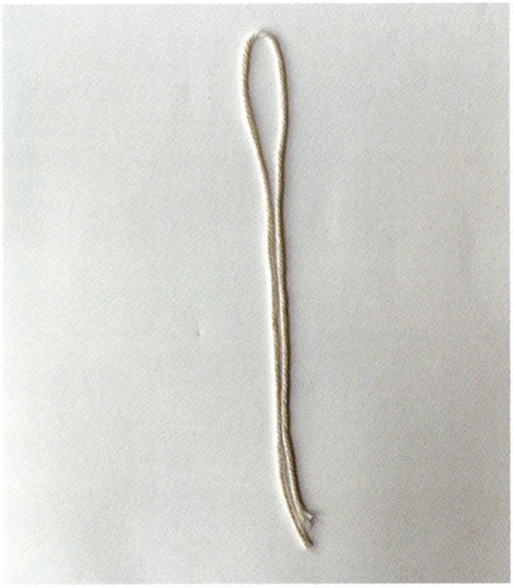

1. Falten Sie den langen Garnstrang in der Mitte mit der Schlaufe nach oben. Dies ist Ihre Mittelschnur.

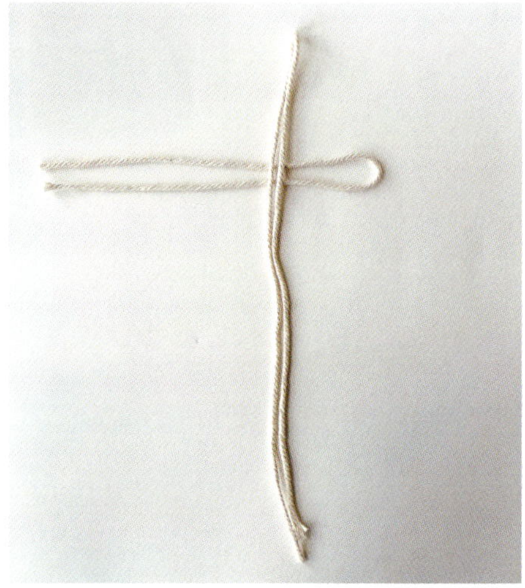

2. Falten Sie einen Garnstrang und schieben Sie die Schlaufe unter der Mittelschnur ca. 5 cm von oben herab hindurch, sodass die Schlaufe auf der anderen Seite hervorschaut.

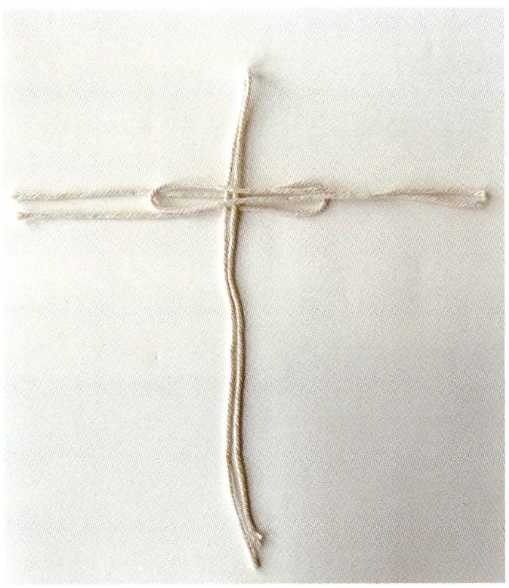

3. Falten Sie einen Garnstrang und legen Sie die Schlaufe über die Mittelschnur, sodass sie auf der anderen Seite hervorschaut.

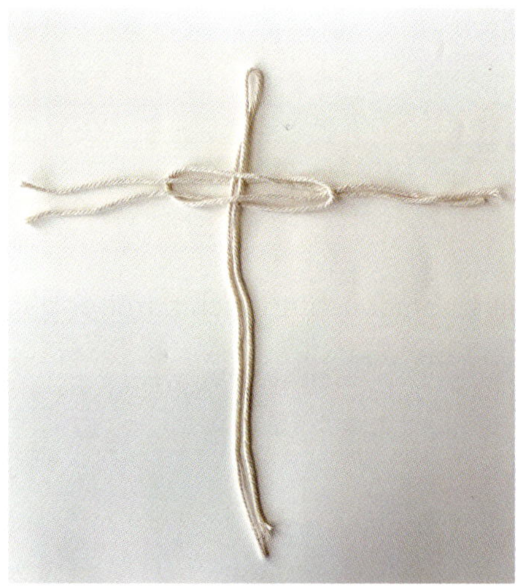

4. Führen Sie das jeweilige Ende des Strangs durch die Schlaufe des anderen.

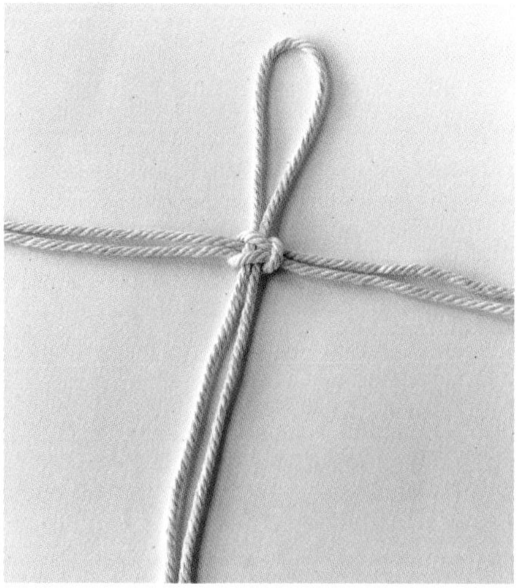

5. Fest anziehen.

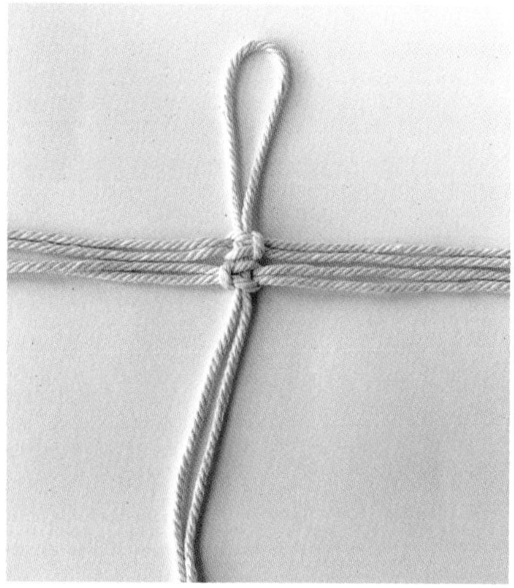

6. Die Punkte 2–5 wiederholen, allerdings umgekehrt, sodass der Knoten auf die gegenüberliegende Seite kommt.

Fahren Sie mit dem Anknüpfen neuer Stränge fort, bis die Feder die gewünschte Länge erreicht hat, und zwar derart, dass sich die Knoten auf beiden Seiten abwechseln.

Die Feder mit einem feuchten Tuch darüber bügeln und danach die Feder in Form schneiden. Mit etwas Haarlack besprühen, damit sie in Form bleibt.

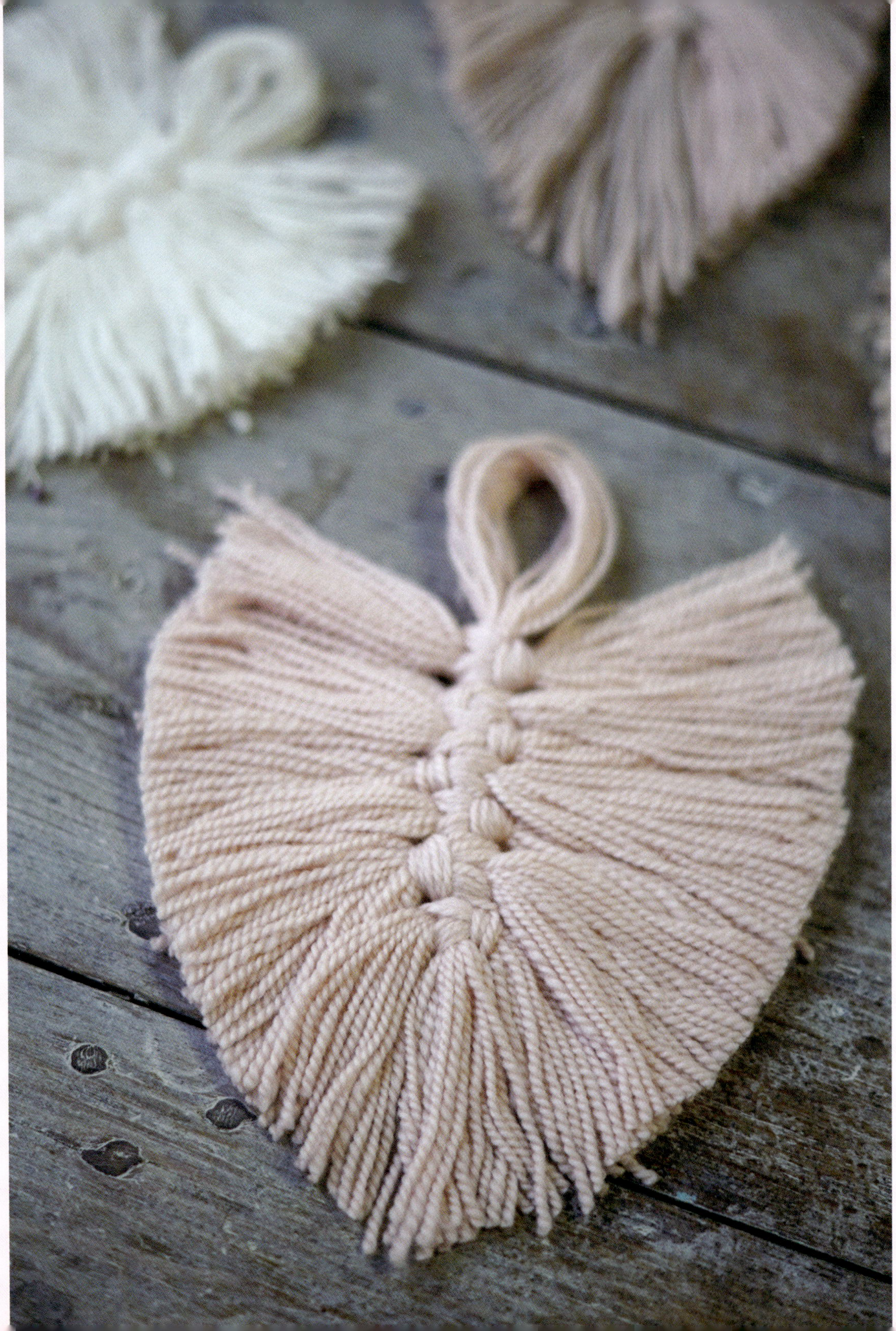

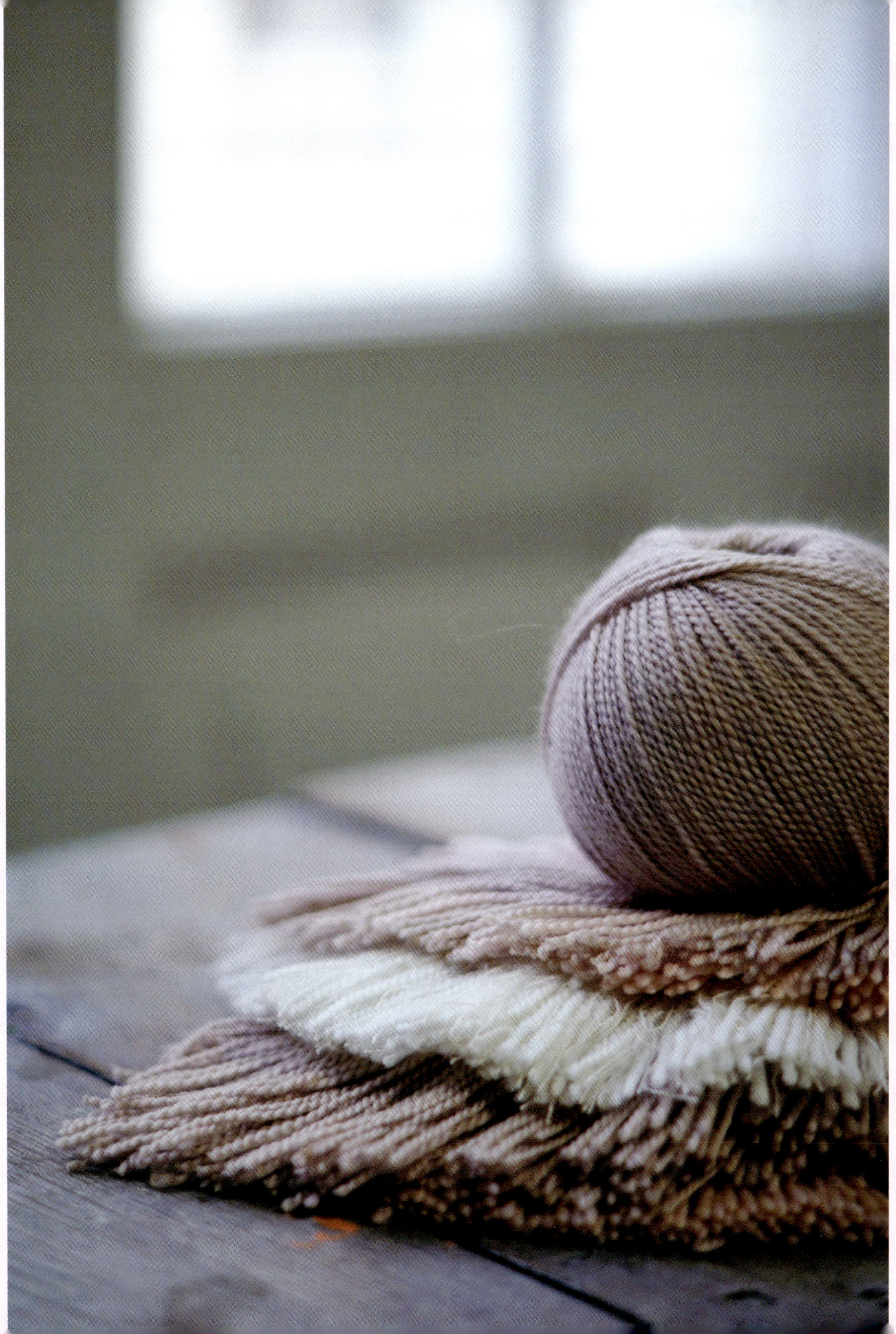

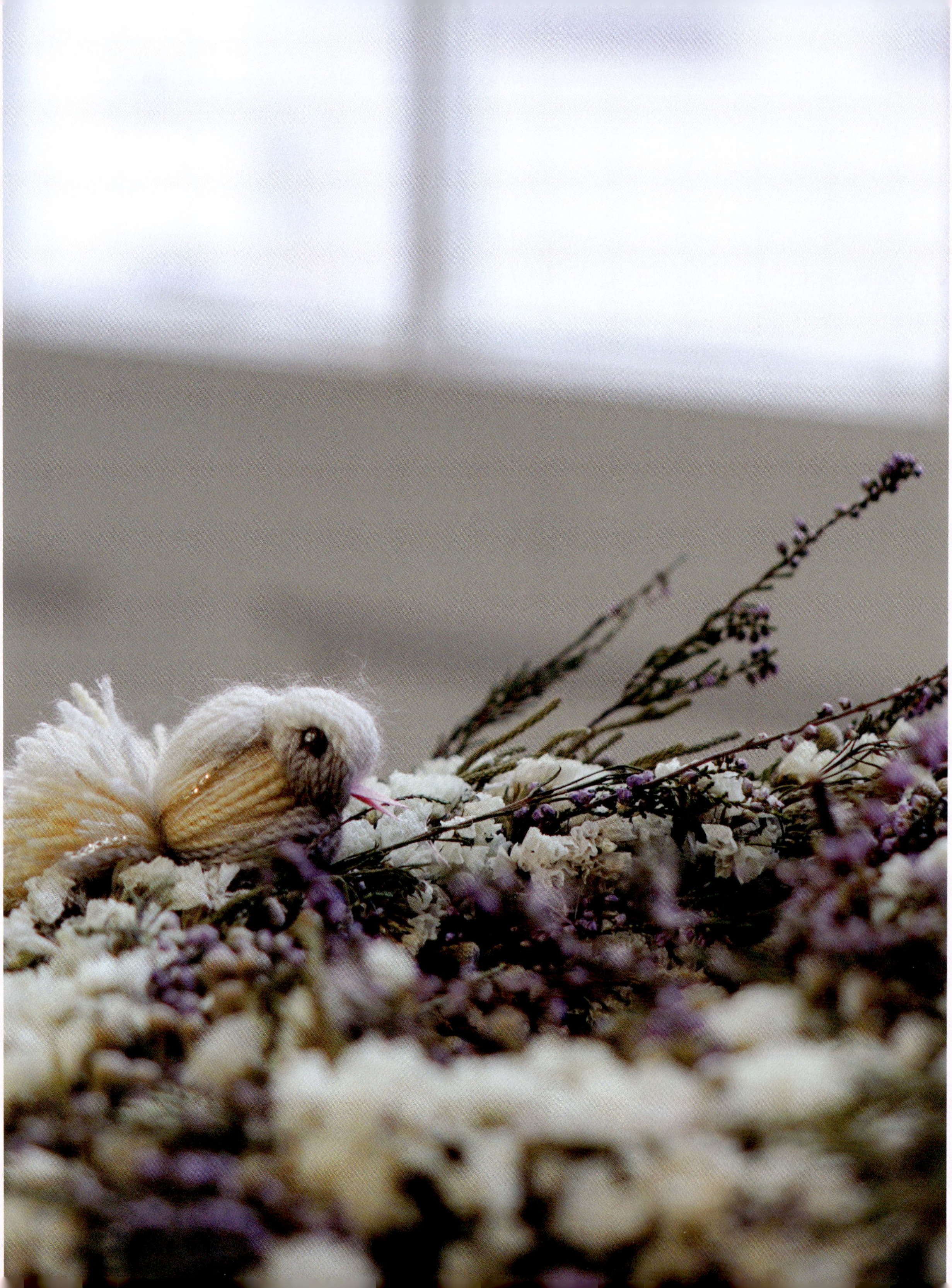

VOGEL AUS WOLLRESTEN

Dieser kleine Vogel benötigt keine Nadeln, sondern nur eine Stange zum Sitzen. Er wird nämlich lediglich aus Wollresten zusammengebunden.

Material

Garnreste – hier wurde eine Mischung aus Bio-Wolle und Mohair-Garn verwendet.
Eventuell Krokodilklammern oder Stahldraht für die Beine, man kann aber auch eine Schnur am Kopf befestigen damit er stattdessen aufgehängt werden kann.

Eine kleine Papierkugel
Ein kleines Stück Karton
Hinweis: Die Augen werden mit Bio-Wolle aufgestickt.

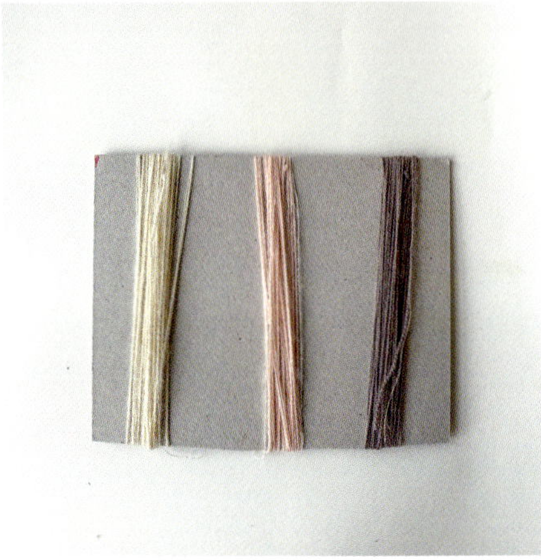

1. Wickeln Sie als erstes drei Garnstränge in verschiedenen Farben um ein Stück Pappe von ca. 14 cm Höhe.

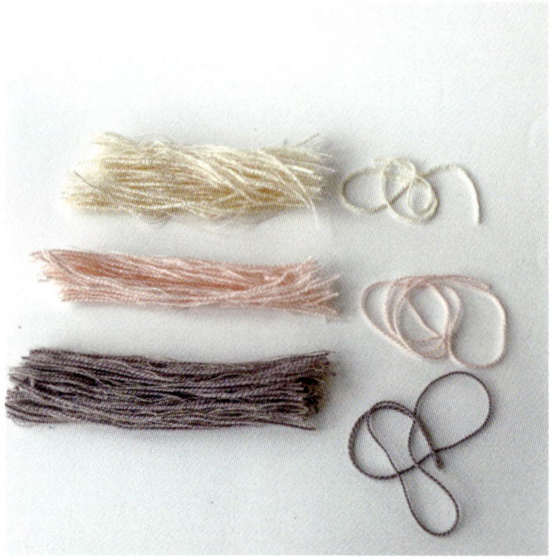

2. Schneiden Sie die Stränge an beiden Enden durch und schneiden Sie ein Stück Faden in der jeweiligen Farbe zu. Strang 1, 2, 3 von oben nach unten gesehen.

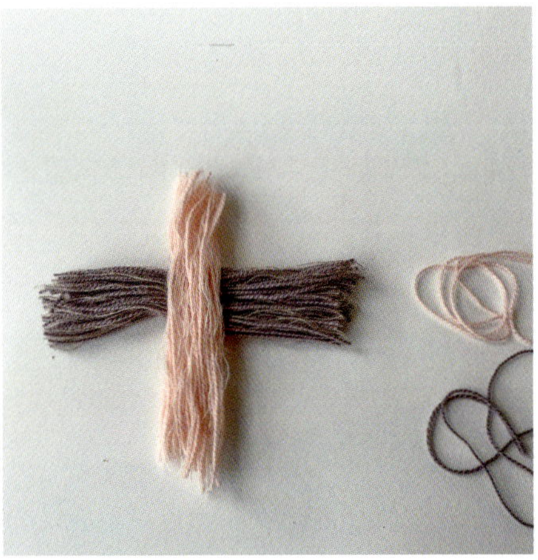

3. Legen Sie Strang 2 über Kreuz auf Strang 1.

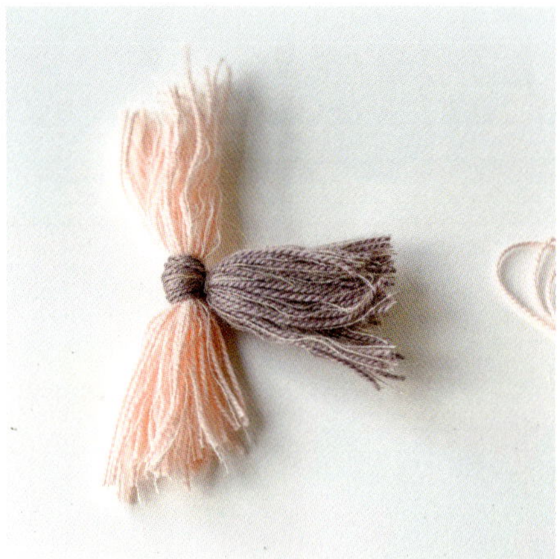

4. Schlagen Sie Strang 1 um Strang 2 und binden sie ihn mit einem Faden fest zusammen.

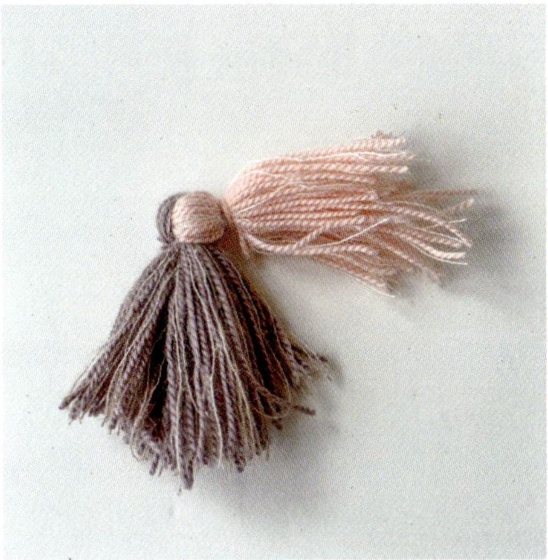

5. Drehen Sie die Arbeit so, dass Strang 1 zu Ihnen zeigt und falten Sie nun Strang 2 auf die gleiche Weise. Strang 2 mit einem Faden fest zusammenbinden.

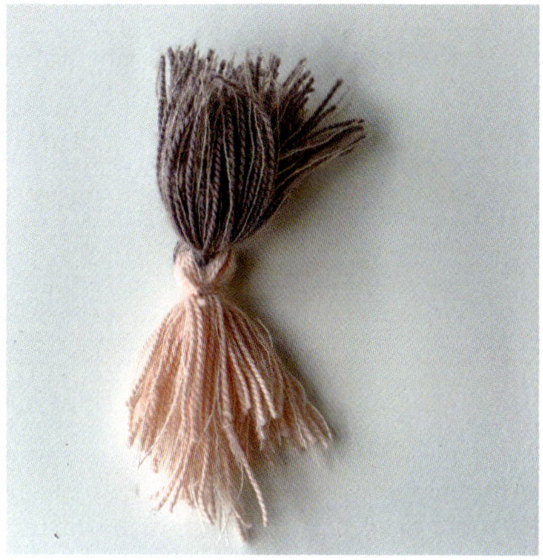

6. Drehen Sie Strang 2 zu sich hin und klappen Sie Strang 1 nach oben.

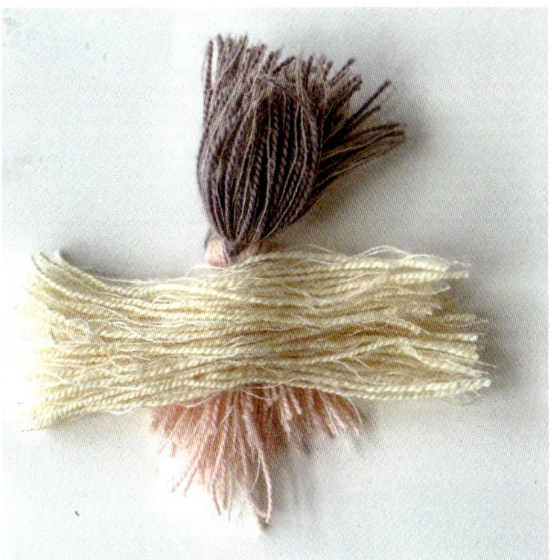

7. Legen Sie Strang 3 quer über Strang 2.

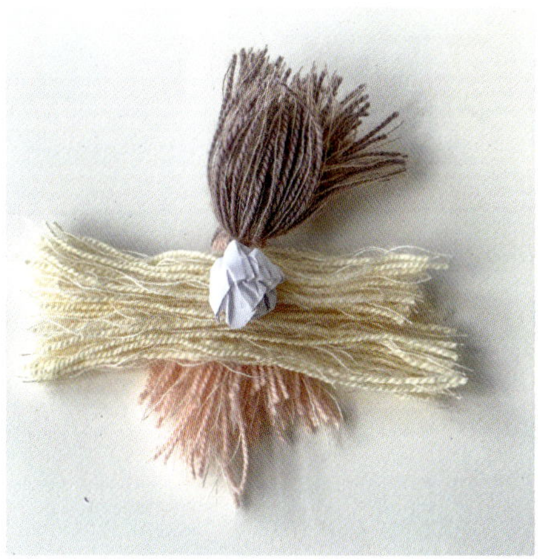

8. Drehen Sie eine kleine Kugel aus Papier und legen Sie sie auf Strang 3. Mit dieser Kugel legen Sie fest, wie dick der Vogel am Bauch wird.

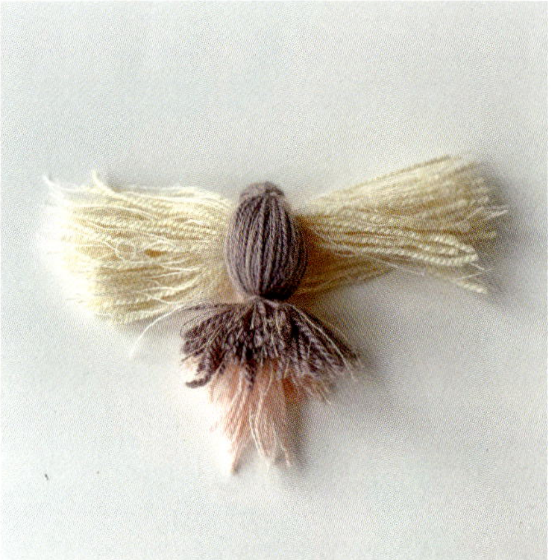

9. Falten Sie Strang 1 erneut nach unten und binden Sie einen Faden um Strang 1 und Strang 2.

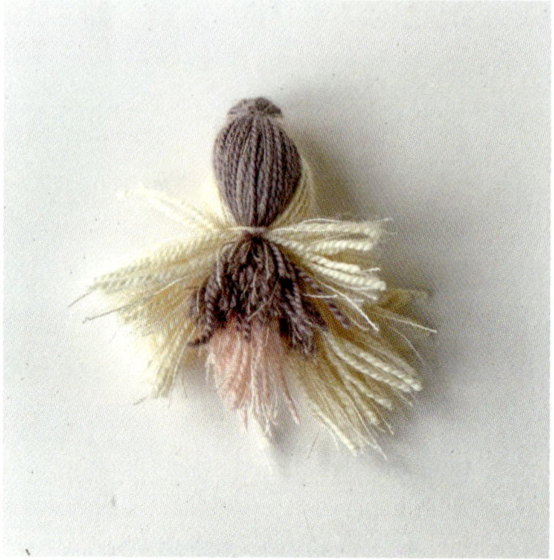

10. Legen Sie Strang 3 an beide Seiten und binden Sie einen Faden um alle Stränge.

Jetzt ist der Vogel gefaltet. Stutzen Sie den Schwanz. Sticken Sie die Augen auf und kleben Sie einen kleinen Schnabel aus Karton an.

Befestigen Sie den Vogel auf einer Krokodilklammer oder an einer Schnur.

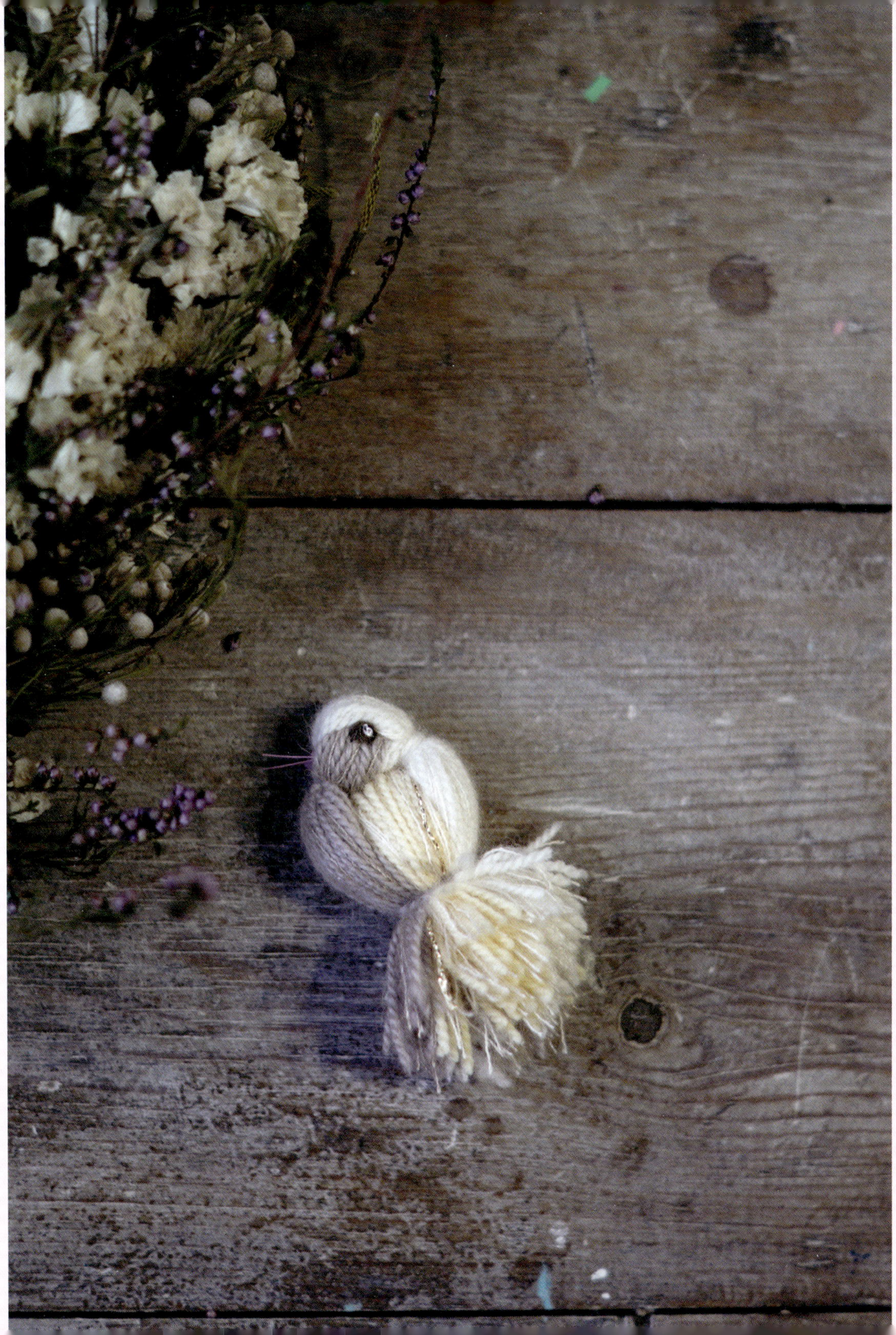

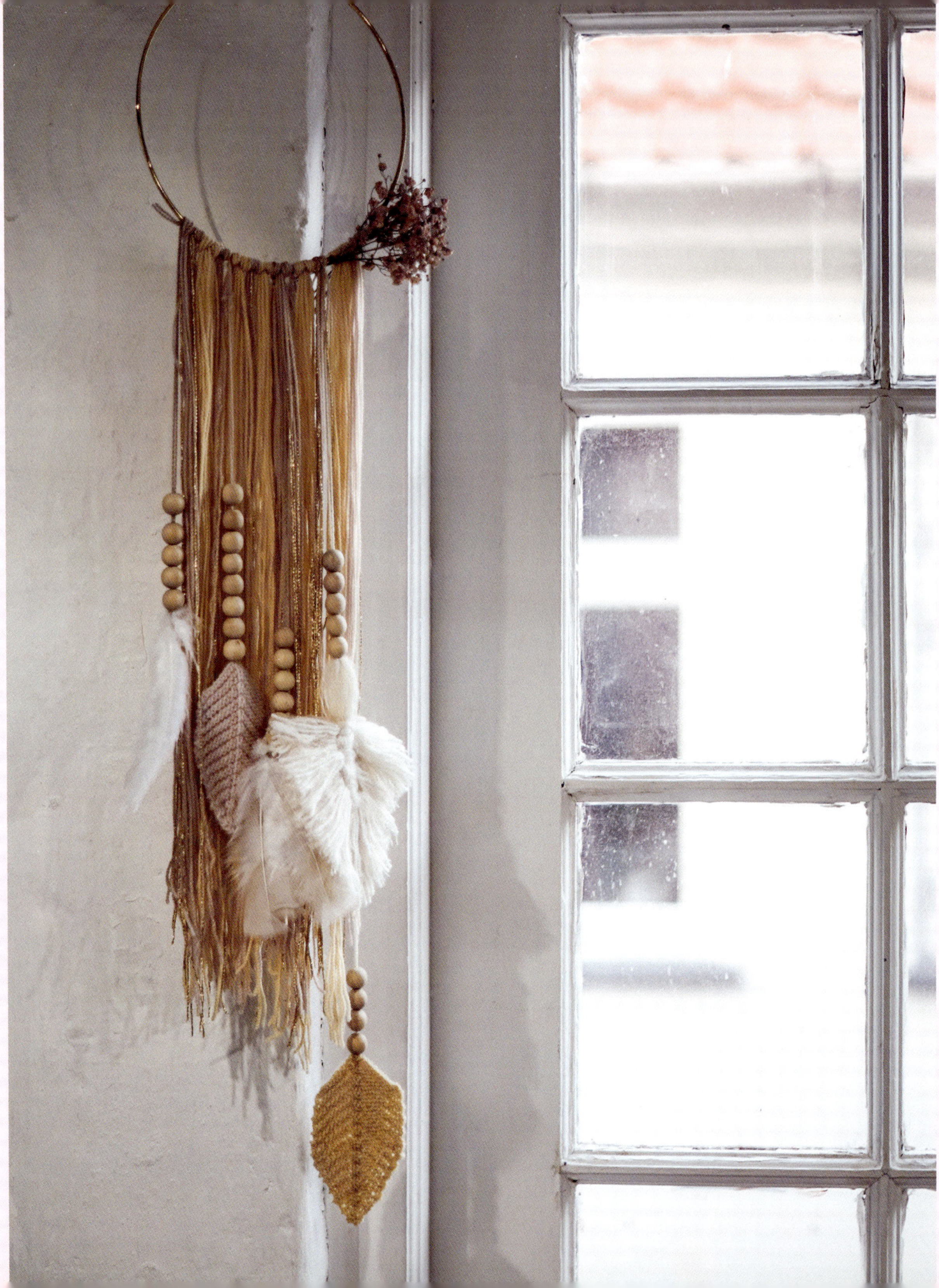

TRAUMFÄNGER

Das Ziel eines Traumfängers ist es, die bösen Träume zu fangen, damit nur die guten hindurch gelangen. Deshalb sind normalerweise eine Menge Fäden kreuz und quer durch den Kreis gespannt. Hier wurde der Kreis jedoch offen gelassen für einen Ausdruck an Leichtigkeit. Der Traumfänger ist sehr dekorativ und die perfekte Gelegenheit, Ihre neu gefertigten Federn in der Frühlingssonne tanzen zu lassen.

Material

Garnreste – hier wurde eine Mischung aus Bio-Wolle und Glitzerfaden verwendet
Metallring in der gewünschten Größe (Sie können auch aus frischen Ästen ihren eigenen Ring binden)
Gestrickte Federn Seite 53
Makrameefedern Seite 59
Federn und Holzperlen
Eventuell getrocknete Blumen. Diese werden mit Stahldraht befestigt.

So wird er gemacht

Fügen Sie lange Garnreste (hier wurden Fäden à 70 cm Länge verwendet) zu Strängen à ca. 8 Fäden zusammen. Befestigen Sie die Stränge an dem Ring, indem Sie sie in der Mitte falten und die Falte als Schlaufe verwenden, durch die Sie um den Ring herum die Enden ziehen.
Befestigen Sie auf einer Seite eventuell eine getrocknete Blume mit Stahldraht.

Tipp: Damit das Garn schön fällt, kann man es bügeln nachdem man es befestigt hat, dann ist es glatt, bevor man den Rest anbringt.

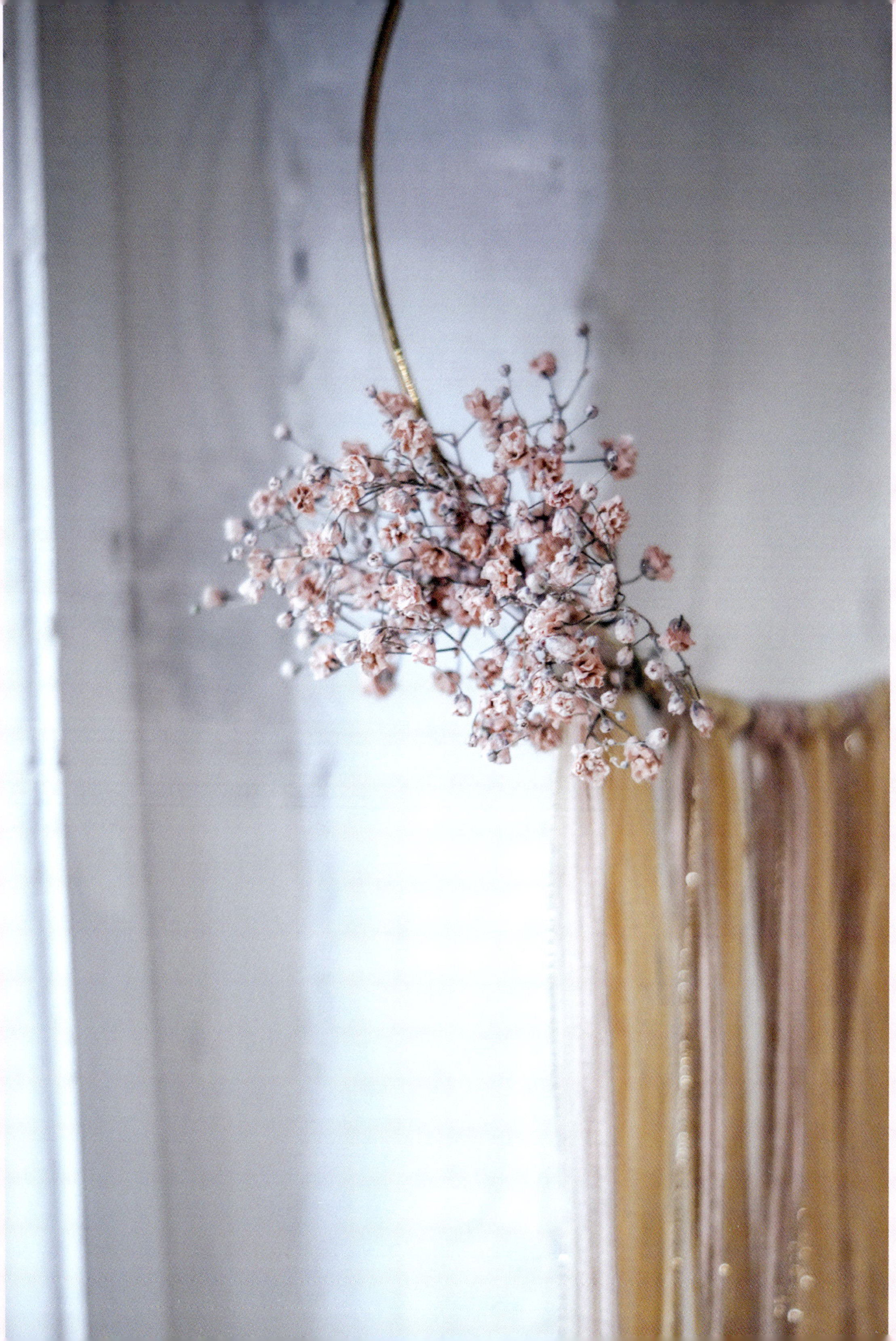

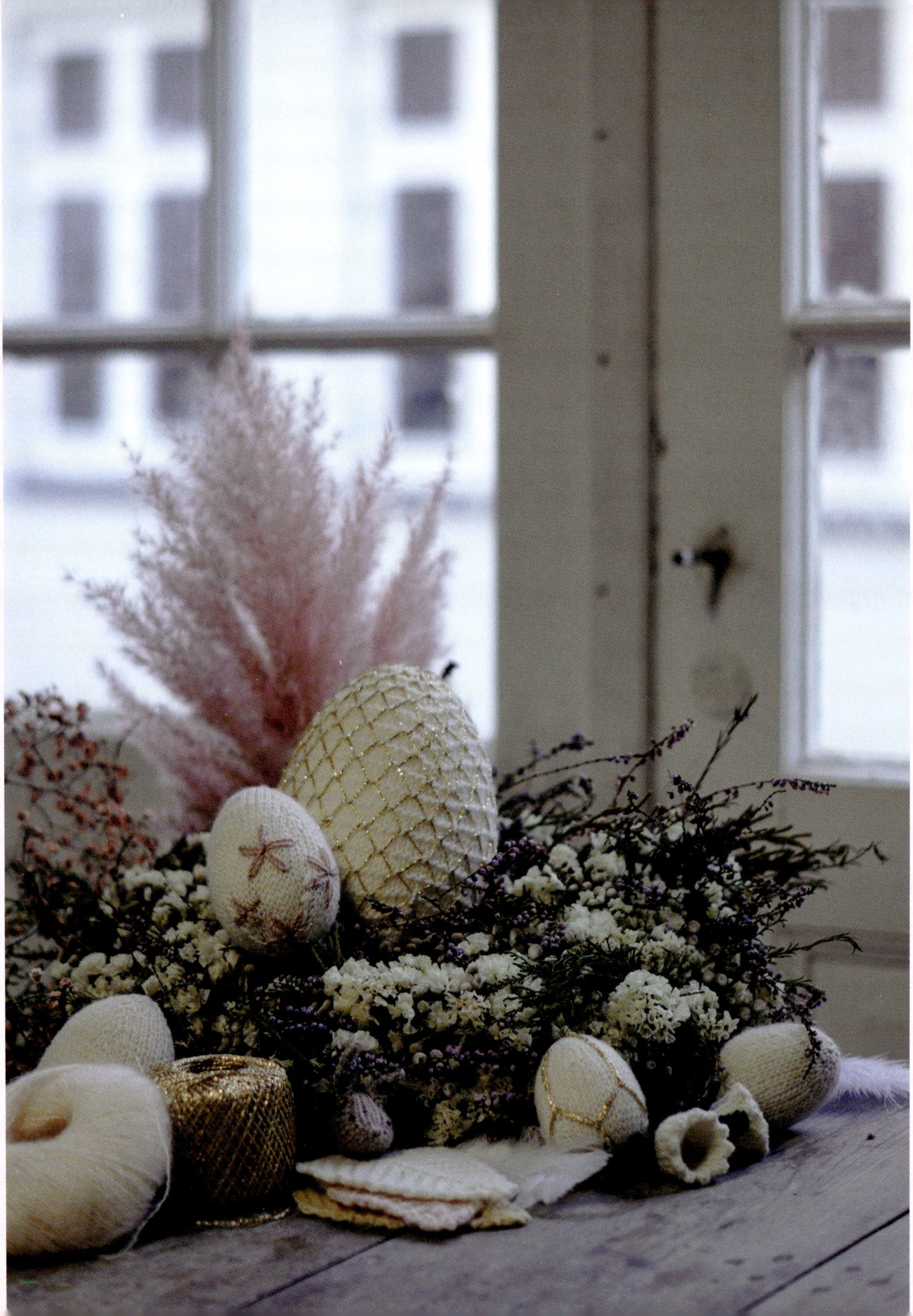

DANK

Dank an Krea Deluxe für die Zusammenarbeit bezüglich des Garns für ein weiteres Buch. Deren schöne Garne finden Sie auf kreadeluxe.com.

Dank an Kristine, weil ich wieder für die Aufnahmen ihre stimmungsvolle Werkstatt benutzen durfte. Besuchen Sie sie auf kleoskeramik.dk.

Dank an Liselotte, meine fantastische Strickerin, mit deren Hilfe Tierkinder und Eier nur so von den Nadeln gepurzelt sind – dies ist Buch Nummer 4, das mit Deiner unentbehrlichen Hilfe entstanden ist.

Dank an Marie und Marie von Turbine für die erneute Chance den Jahreszeiten durch Gestricktes zu huldigen, an Vinnie für das schöne Layout und an Camilla, die mit liebevoller Hand redigiert hat.

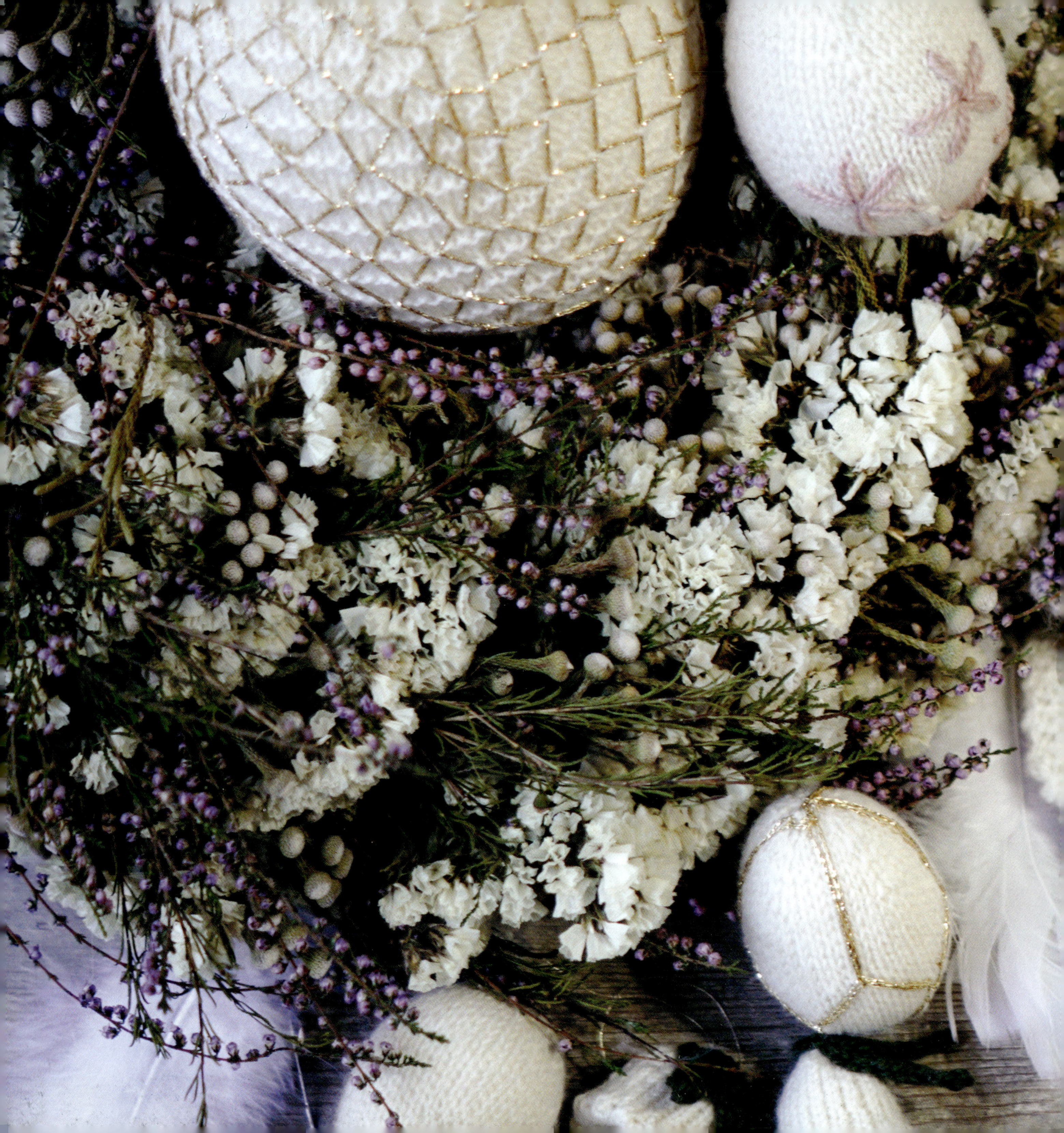

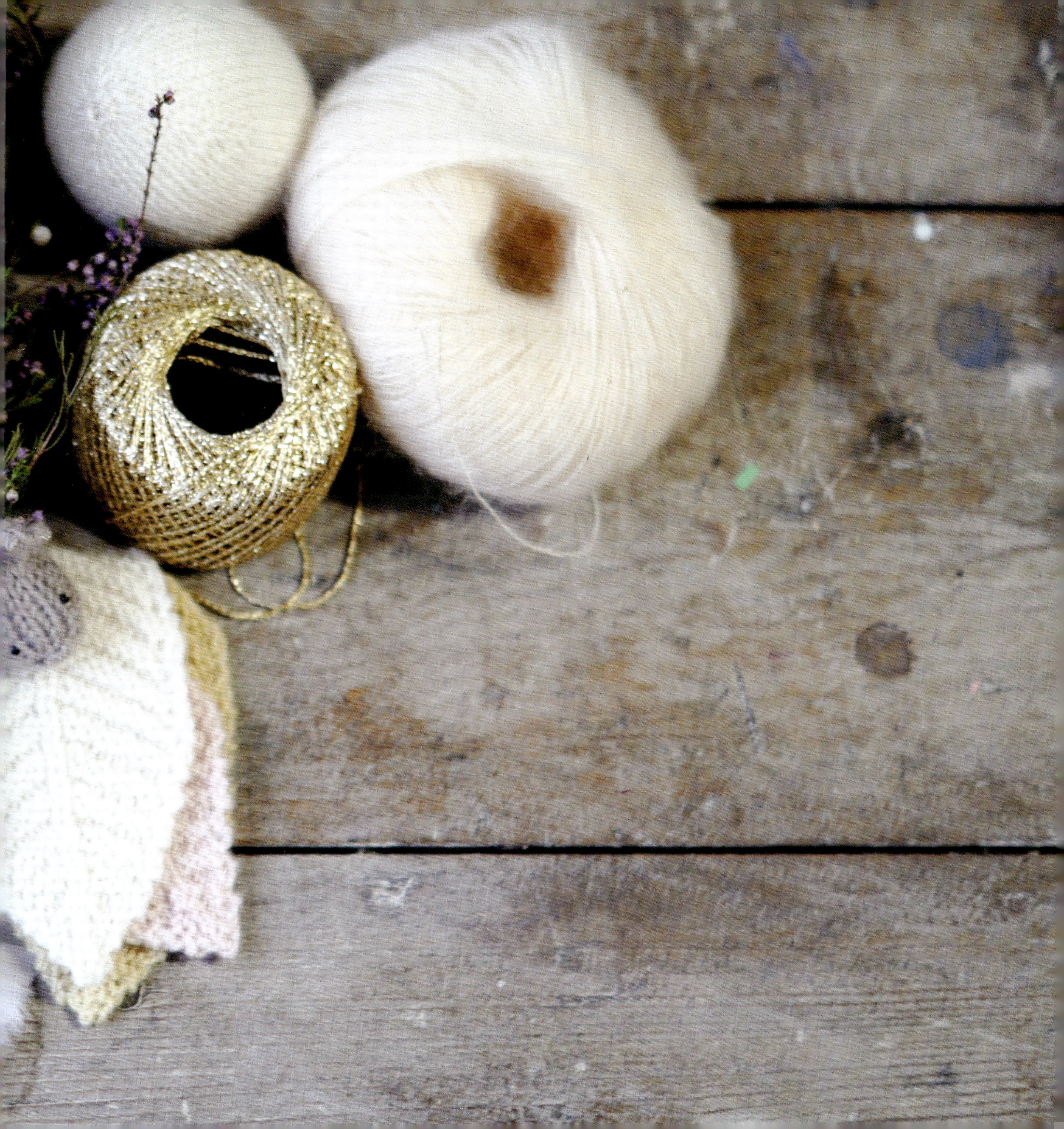

Impressum

Originalausgabe ist erstmals erschienen unter dem Titel Strikket påskepynt bei:
Copyright © Turbine 2021

Layout: Vinne Andersen

Für die deutsche Ausgabe:
Produktmanagement: Xenia Kuczera
Übersetzung: Anke Strunz
Lektorat: Anna Maier
Satz: Martin Jablonka
Umschlaggestaltung: Andreas Kersten
Herstellung: Bettina Schippel, Kathleen Baumann
Printed in Slovenia by Florjancic

★★★★★

Sind Sie mit diesem Titel zufrieden? Dann würden wir uns über Ihre Weiterempfehlung freuen. Erzählen Sie es im Freundeskreis, berichten Sie Ihrem Buchhändler oder bewerten Sie beim Onlinekauf. Und wenn Sie Kritik, Korrekturen oder Aktualisierungen haben, freuen wir uns über Ihre Nachricht an Christophorus Verlag, Postfach 40 02 09, D-80702 München oder per E-Mail an lektorat@verlagshaus.de.

Unser komplettes Programm finden Sie unter

www.christophorus-verlag.de

In diesem Buch wird aus Gründen der besseren Lesbarkeit das generische Maskulinum verwendet. Weibliche und anderweitige Geschlechteridentitäten werden dabei ausdrücklich mitgemeint, soweit es für die Aussage erforderlich ist.

Die Deutsche Nationalbibliothek verzeichnet diese Publikation in der Deutschen Nationalbibliografie; detaillierte bibliografische Daten sind im Internet über http://dnb.de abrufbar.

ISBN 978-3-8410-6680-0

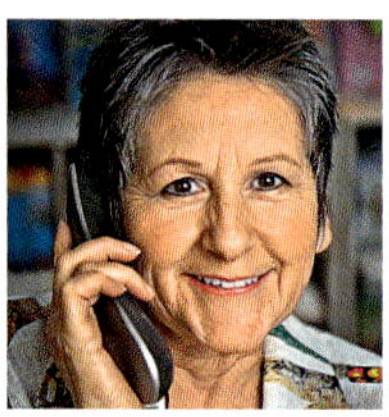

Kreativ-Service

Sie haben Fragen zu den Büchern und Materialien? Frau Erika Noll ist für Sie da und berät Sie rund um alle Kreativthemen. Rufen Sie an! Wir interessieren uns auch für Ihre eigenen Ideen und Anregungen. Sie erreichen Frau Noll per E-Mail: **kreativ-service@c-verlag.de** oder Tel.: **+49 (89) 13 06 99 - 577.**

Besuchen Sie uns im Internet: www.christophorus-verlag.de
& www.selbstgemacht.de